A você

que quer abraçar a vida
e ser feliz, dedico esta
mensagem, desejando
que cada frase seja
um abraço e cada
palavra seja um beijo
no seu coração, porque
todos somos um neste
lindo universo de Deus.

Com carinho, o autor

ABRACE
A
VIDA
Você Merece Ser Feliz

LAURO TREVISAN

ABRACE
A
VIDA

Você Merece Ser Feliz

EDITORA E DISTRIBUIDORA DA MENTE

Lançamento: maio 2002, pela Editora da Mente
Capa: Publicitá/Sul

EDITORA DA MENTE

Pedidos: Editora e Distribuidora da Mente
Rua Tuiuti, 1677 - C.Postal 955
97015-663 – Santa Maria – RS – Brasil
Fone: (0**55) 223.0202
Fax: (0**55) 221.7184
E-mail: mente@laurotrevisan.com.br
Internet:www.laurotrevisan.com.br

Se você está bem........... abrace.
Se você não está bem.....abrace.
Se quer ficar bem...........abrace.

Abraçar a vida
é realizar o milagre
da interação amorosa
consigo mesmo,
com a humanidade,
com o universo
e com Deus.

*A*ntes de tudo,
abrace o seu próprio coração
e diga: « Olá, como vai você?»

*S*eu coração responderá
carinhosamente: «Tão bem quanto
você!»

Antes de tudo um brinde à vida

Vamos, abra a janela do coração, estoure um champanhe e brade com entusiasmo:

Um brinde à vida, que continua como milagre de cada instante!

Um brinde ao sucesso, que me empurrou muitos passos à frente!

Um brinde aos revezes sofridos, que me ensinaram as lições que eu precisava aprender!

Um brinde às lágrimas derramadas, que lavaram minha alma!

Um brinde aos amigos, que alegraram minha convivência!

Um brinde ao amor, colhido e semeado!

Um brinde às horas de festa, de lazer e de prazer, que ninguém é de ferro!

Um brinde aos sorrisos recebidos e oferecidos!

Um brinde aos milhares de pensamentos, que mostraram meu poder criativo!

Um brinde à avalanche de bons sentimentos, que

inundaram os espaços do meu coração!

Um brinde aos que me ofenderam e me jogaram pedras, porque me ensinaram o caminho da tolerância!

Um brinde aos que me elogiaram, porque elevaram o termômetro da minha auto-estima!

Um brinde aos que acreditaram em mim, até mesmo nas horas duvidosas, porque me estimularam a prosseguir, apesar dos pesares!

Um brinde aos deprimidos que passaram pelo meu caminho, porque me estimularam à compaixão e mostraram o valor da alegria!

Um brinde à felicidade, que não se cansa de bater à minha porta!

Um brinde a Deus, que jamais recusou um chamado!

Um brinde ao meu espírito, que continua mantendo acesa a chama vital.

Um brinde ao meu corpo, que responde sempre aos meus apelos e sentimentos, avisando-me dos efeitos de cada atitude!

Um brinde às pessoas queridas e de boa vontade, que me acudiram quando eu mais precisava e menos útil era.

Um brinde às verdades, que engrandeceram meu saber; e às mentiras, que mostraram como devia ser!

Um brinde ao sol e à chuva, ao dia e à noite, ao frio e ao calor, que me livraram da monotonia das horas!

Um brinde aos momentos de oração, que me levaram à crença num Ser Superior!

Um brinde aos que cantaram, dançaram, encenaram, comunicaram, buscando avivar meus sentimentos.

Um brinde aos que escreveram, criaram músicas, espetáculos e artes, pois tocaram as dimensões da minha sensibilidade!

Um brinde aos que avançaram a tecnologia e as ciências, facilitando minha jornada!

Um brinde à minha capacidade de trabalho, que me faz ocupado, destila bem-estar e me rende frutos.

Um brinde ao bem e ao mal, que ambos me mostram o caminho.

Um brinde ao passado que se fez colheita, ao presente que se faz vida e ao futuro que alimenta a fé.

Um brinde à história dos que se foram e à presença dos que estão ao meu lado.

Um brinde, enfim, a mim mesmo, pela caminhada percorrida, pelas conquistas alcançadas, pela fé que nutro, pelo amor que tenho, pela bravura que me defende, pelo perdão que me dou, pela paz que me liberta e pela paciência diante das minhas próprias contradições!

Sim, um brinde a mim, que mereço!

E a você, que também merece!

Índice

1

AGORA ABRACE A VIDA

O abraço é o ritual dos seres que se querem bem.

O abraço contém o elixir do amor, da amizade e da comunhão.

No abraço, se faz o intercâmbio de energias positivas. É por isso que todo abraço verdadeiro gera agradável sensação de bem-estar.

A criança, por exemplo, se desenvolverá mais forte e sadia, mais resistente a enfermidades e mais feliz, na proporção dos abraços carinhosos que receber.

Abraço – remédio eficaz de saúde.

Abraço – sinal visível de perdão e de reatamento de boas relações.

Abraço – fonte de juventude.

Além de se abraçar e abraçar os outros, é preciso abraçar a vida.

– Como é possível abraçar a vida?

Não só é possível como também necessário.

Abraçar a vida é estreitar laços de comunhão com ela. É dizer que você ama a vida. É criar interação de energias com a vida.

Há pessoas que estão de mal com a vida. Dominadas por mágoas e frustrações, atribuem os desenganos à ação maléfica da vida.

Existe gente que odeia a vida, culpando-a de todas as desgraças.

Conheço indivíduos tão desiludidos e deprimidos, que querem esquecer a vida, através de drogas, alucinógenos, soníferos, alcoolismo, qualquer coisa que lhes faça ausentarem-se de si mesmos. Pensam que a vida quer destruí-los, quando, na verdade, eles é que estão destruindo a vida.

O que você faz à vida, o faz a si mesmo.

A sua vida não existe sem você. Por outras palavras, o que você faz ou deixa de fazer – transforma-se na escrita da sua vida.

Você é a vida e a vida é você. Abrace-a e percorra os caminhos de cada dia de braços dados com ela.

Todas as manhãs, dê o seu abraço de bom-dia à vida e prometa conduzi-la pelos melhores caminhos. E a vida, em resposta, lhe retribuirá com altas doses de saúde, vitalidade, prazer, alto-astral, bom humor e sucessos.

Cada vez que você pensar e agir positivamente, estará abraçando a vida.

Sorria para a vida e a vida sorrirá para você.

A vida é uma criança: abrace-a.

A vida é como um cachorro fiel: estará sempre com você, ladrará nas horas de alerta, compartilhará as horas de alegria e pulará para o seu regaço nas horas de interação.

Abraçar a vida é viver prazerosamente.

Abraçar a vida é recolher, de cada instante, a substância da felicidade.

Abraçar a vida é derramar compaixão e paz de espírito nas horas doloridas.

Abraçar a vida é levá-la avante, mesmo que o céu desmorone.

Se a sua vida estiver endurecida, presa ao passado negativo, amarrada, saiba que foi você que a amarrou. Liberte-a e a abrace com força e estremecimento, como o noivo que retorna, depois de longa viagem, aos braços da amada.

A vida é companheira inseparável de percurso: abrace-a e trate-a bem, que ela recompensará você multiplicadamente.

Quando o abraço se torna difícil, quando você não suporta mais a vida e quer divorciar-se dela, quando você quer mandá-la para os quintos dos infernos – lembre-se que você irá junto. Pense duas vezes.

Só há um caminho: abrace a vida para que ela abrace você.

2

O HÁBITO DE ABRAÇAR

Por que será que tudo que é bom engorda ou é pecado? Esta é uma frase que, às vezes, circula nas rodas bem-humoradas.

O Dalai Lama abriu uma brecha nesta crença, quando disse: "Aprenda as regras e quebre algumas, se possível".

Também afirmou aquele guru: "Usufrua o amor e a culinária com abandono total".

Já que estou citando o Dalai Lama, acrescento mais esta: "Ame profundamente e com paixão. Você pode se machucar, mas é a única forma de viver a vida completamente".

São afirmações que batem de frente contra certos tabus, herdados desde muitas gerações.

Encontra-se, por toda parte, gente que ama desamando. Na hora do amor, mesmo nos instantes de frenesi, instintivamente desamam, porque surgem vozes internas que dizem que não deve, não pode, vai se dar mal, é uma afronta à família, desrespeito às tradições dos antepassados, contrário aos ditames da religião, perda da autoestima. É como tomar sobremesa pensando na balança, no colesterol, no peso, nos triglicerídios, com perdão da palavra. E o complexo de culpa é o tapa final.

Claro que não entram em consideração aqui questões de gravidez e aids, que isto é outra conversa.

Há aqueles que contêm até a risada, vítimas que são do complexo de seriedade. Estes não aprenderam que os dentes não existem somente para morder, mas também para sorrir.

Ao contrário do que você pensa, um dia Deus vai lhe pedir contas do amor que você não partilhou, do prazer que não usufruiu, do abraço que não deu, do carinho que não ofereceu e nem retribuiu, da felicidade que não esparziu, dos sorrisos que reprimiu.

Não existe ser humano que não se sinta bem quando envolvido pelo amor, pelo abraço, pelo carinho, pelo aperto de mão, pelo sorriso conivente.

Sei que há pessoas que entendem que amor e expressões de amor são coisas apenas para marido e mulher. Então, por conta desta mentalidade, ama-se em casa e fora se odeia, se mata, se maldiz, se rouba, se despreza, se destrói. Tudo ao natural. Com a maior sem-cerimônia.

Tabus, machismo, complexos de culpa e de medo, são camisas-de-força contra o amor, a fraternidade e a solidariedade.

Por que se tem dificuldade de dar um abraço afetuoso em alguém?

Seria pelo medo dos olhares repreensivos do companheiro ou companheira? Ou para evitar mal-entendidos? Ou para não dar chance aos fofoqueiros? Ou, quem sabe, por causa da educação recebida?

Jesus não prega o amor só dentro de casa.

O escrúpulo ou medo de tocar as pessoas, para alguns chega às raias da obsessão.

Quando se descobrir os benefícios do toque, do abraço, do beijo, do carinho, que, como diz a ciência, desencadeiam energias estimulantes, liberam endorfina, produzem bem-estar e fortalecem o sistema imunológico, talvez até comecem a surgir, na praça, bancas do abraço e do carinho a serviço da saúde pública e do bem-estar geral da população. Brincadeirinha.

No outro dia, li um artigo que discorria sobre o abraço. Entre tantas coisas, assinalava o seguinte: quatro abraços por dia são necessários para sobreviver; oito, para viver tranqüilo; doze, para prosperar.

É verdade que nós, seres ainda do século passado, temos dificuldade de abraçar. Mas um dia chegaremos lá. Tomara que seja hoje mesmo.

A propósito: quantos abraços você deu hoje?

3

VERIFIQUE SEU QC: QUOCIENTE DO CORAÇÃO

A vida, meu amigo, quanto vale?

Apenas o valor que lhe der o coração.

Não me refiro ao órgão físico, que pulsa tantas mil vezes por dia. Estou falando do coração afetivo, sede dos sentimentos e das emoções. Esse é que comanda a vida.

A inteligência dita as razões, mas o coração, impulsionado pelas energias do amor, da fé, do entusiasmo e da felicidade, determina a ação.

Você chega tanto mais longe quanto maior for a impulsão de qualquer dessas energias centradas no coração.

Quando o coração apaga, de nada valerão a conta bancária, o tamanho do palácio, a viagem a Paris, o modelo do carro, a beleza de qualquer ser humano. Tudo se torna insosso, cinzento, inexpressivo.

Jamais permita que se extinga a chama do seu coração, que aí é o fim: a auto-estima vai a zero, a vida se torna sem sentido, o mundo desaba e você acaba internado num hospital, quando não acontece coisa pior.

Não sufoque o seu coração e nem aceite que alguém o sufoque.

Na dor e no desespero, não abandone o seu coração; nele está a Fonte vital, ponto de partida para o melhor recomeço.

Guarde seu coração acima do ódio, da mágoa, da insensatez, da calúnia, do agravo e você sobrepujará qualquer tempestade.

A vida do coração é o amor.

Pegue seu coração na mão e ele brincará no seu colo.

Antes de tudo, amar-se.

Acima de tudo, amar-se.

No meio de tudo, amar-se.

No abandono, amar-se. Na riqueza, amar-se. No casamento, amar-se. Na incompreensão, amar-se. No desprezo, amar-se. No fracasso, amar-se.

Quando você se ama, está sendo ao mesmo tempo difusor e receptáculo do amor das pessoas, do mundo e de Deus.

Use sempre a medida do coração para saber como está sua vida. Não deixe que o termômetro baixe a níveis perigosos.

Se nada se salva, salve seu coração e ele realizará o milagre da vida, assim como a chuva reverdece a terra árida e seca.

Quando a escuridão mental jogar você à beira de um abismo sem retorno, corra a refugiar-se no recôndito do coração e aí, na lareira do amor, no aconchego da felicidade, sentirá o refluir da vida, que lhe trará de volta a fé e o entusiasmo.

Para o coração não há erros, apenas lições positivas.

Para o coração não há fracasso e sim experiência benéfica, que aponta o caminho mais rápido para a auto-realização.

Se não consegue abrir a porta do coração, deixe que as pessoas amigas o ajudem. São os anjos que Deus está colocando no seu caminho. Não as rejeite.

Mesmo que você tenha perdido o grande amor da sua vida, não perdeu o seu coração, portanto não perdeu o amor. E onde existe o amor, existe o milagre que refaz a vida.

Mesmo que alguém tenha roubado tudo que de mais caro você construiu ao longo dos anos, sobrou seu coração, cheio de luz, de amor, de felicidade, de fé e de entusiasmo.

A estrada da vida é o seu coração.

A luz no fim do túnel é o seu coração.

Porque seu coração é o habitáculo de Deus.

4

A CLONAGEM DE SI MESMO

Dizia uma mensagem de nascimento: "No mundo inteiro, só existe uma criança linda e todo pai sabe que é a sua".

Você foi essa criança linda. Seus pais garantem que foi.

Continua sendo?

Agora só você pode dar a resposta.

Seus pais fizeram você. Hoje é você que se faz.

No exame de si mesmo, que nota se dá? Pode ser condescendente que, mesmo assim, aposto que não escreverá mais do que nota sete. Portanto, estão faltando pelo menos três pontos para ser o que é.

– Que critérios usarei para dar-me nota? – perguntará, intrigado, você.

Nota máxima
quando você é feliz,
com alta auto-estima,
otimista,
positivo,

saudável,
metas definidas,
gosta do que faz,
amanhece contente,
tem amigos,
aprecia sua família,
entusiasmado por algum ideal,
independente,
livre,
em paz,
de bem consigo e com a vida.
Nota dez com estrelinhas.

Sua nota vai baixando à medida que anda às voltas com depressão, estresse, desânimo, baixa auto-estima, negativismo, pessimismo, dependência, insegurança, irritabilidade, mágoas, falta de perspectiva, desmotivado, sem projetos, desiludido, sem amor, infeliz.

Responda: se fosse um náufrago perdido e isolado numa ilha deserta e Deus permitisse uma clonagem perfeita e absoluta de si mesmo, gostaria dessa companhia ou teria um purgatório duplicado?

Não me diga que você é como aquele que se queixava: "Estou só e mal acompanhado!".

Por pior que seja sua situação, não desanime, que toda hora é hora de mudar.

Diz a sabedoria: "Se continua pensando como sempre pensou, continuará acontecendo o que sempre aconteceu".

Se quer uma vida diferente, faça uma vida diferente.

Se nada muda, nada será diferente.

Sua mente criou o mundo inóspito no qual está vivendo. Sua mente criará o mundo maravilhoso no qual deseja viver.

Você é resultado do que foi. Será resultado do que for daqui por diante.

O ponto de poder é o momento presente.

Não gosta de si?

Reinvente-se.

Recrie-se, à sua própria imagem e semelhança.

Antes de tudo, caia em si e responda: Como é que eu quero ser?

Trace agora as metas para fazer da resposta seu projeto imediato de vida. E esqueça que somente com substâncias químicas poderá mudar a sua vida. Apenas ajudarão você a se ajudar.

Seus pais disseram que você era a criança mais linda do mundo – e que ninguém ousasse contradizer. Agora depende de você continuar sendo essa criatura linda, maravilhosa, alegre, feliz, simpática, agradável, positiva, amorosa e bem-sucedida.

Em frente, pois!

5

O ELIXIR DA LONGA VIDA

Há um produto muito barato, cientificamente comprovado e medicinalmente aceito como elixir da longa vida. Chama-se *sorriso.*

O sorriso leva o cérebro a bloquear os inibidores do sistema imunológico e, ao mesmo tempo, libera o hormônio da endorfina, cuja benéfica função é aliviar as dores, até mesmo eliminá-las, e produzir sensação de bem-estar.

Além do mais, o sorriso fortalece as defesas orgânicas.

Para agregar mais valores medicinais, saliento que o sorriso previne problemas cardiovasculares e é uma paulada contra a depressão.

O sorriso também ajuda a resolver o grande problema do mundo de hoje: o estresse. Sim, porque o sorriso leva ao relax, à descontração, e ajuda a enxugar substâncias tensionantes, como a adrenalina, o cortisol, a noradrenalina.

Tem muita gente que não sorri nem que a vaca tussa. São mais duros que poste de rua. O resultado desastroso marca o rosto desses indivíduos.

O sorriso é o dom que Deus ofereceu apenas ao ser humano. Nem a formosa e bem perfumada flor recebeu essa dádiva. Nem o céu estrelado. Nem sequer o riacho murmurante. Nem mesmo o pássaro mais lindo. Somente a criatura humana.

O dom benfazejo do sorriso é privilégio raríssimo. Privilégio que coube a você.

Mas, eu pergunto: Que está você fazendo com essa preciosidade que Deus lhe deu?

Está usando esse dom divino ou pretende devolvê-lo intato ao Criador?

Há um provérbio oriental que diz o seguinte: "Um coração alegre faz tanto bem quanto os remédios".

Li de Green: "Não há uma só parte dos mínimos vasos sanguíneos que não receba um fluxo benéfico de sangue nas contrações de um sorriso franco, jovial".

O grande sábio da bíblia, Salomão, tem essa afirmação: "O coração alegre aformoseia o rosto; mas, com tristeza no coração, o espírito se abate".

Depois de tudo isso, sugiro que faça o propósito agradável e benéfico de sorrir desde o despertar.

Se você tem o triste hábito de acordar com mau humor, chegou a vez de se decidir a levantar da cama com o sorriso mais rasgado que puder. Vá para o banheiro levando sorriso nos lábios. Na hora do café matinal, já imagino seu sorridente bom humor, capaz de deixar boquiaberta sua esposa. Não se importe se ela achar que você viu o passarinho verde, nem mude de atitude se o marido perguntar qual foi o bicho que a mordeu.

E parabéns pela sua saúde de ferro.

6

A PIADA DOS DEUSES

Platão foi um dos mais famosos filósofos gregos. Disse ele: "Até os deuses gostam de uma piada".

Quem adora ouvir ou contar piadas, normalmente está de bem com a vida, com os familiares e amigos.

Joanne Woodward – não sei quem é, está na revista Seleções – escreveu o seguinte: "Depois de um tempo, a atração sexual diminui, mas estar casada com alguém que nos faz rir, isso é que é prazer".

Rir e fazer rir despreocupadamente é o melhor laço de amizade entre as pessoas. Supera de longe a fofoca. Aliás, nem tem comparação, uma vez que o fofoqueiro de plantão geralmente têm problemas sérios de relacionamento e de auto-estima. Sente-se muito carente, têm dificuldades de chamar a atenção das pessoas e de criar laços generosos de amizade, por isso usa o estratagema inconsciente de reunir grupos e indivíduos contando fofocas sobre os outros. Só que o tiro sai pela culatra, já que seus amigos se tornarão ex-amigos, pelo medo de também serem mal-falados. Como as rodas do fofoqueiro vão sumindo, ele sente necessidade de buscar novos personagens para embasbacá-los com suas descobertas e segredos. Sem querer querendo, o fofoqueiro vai aumentando um ponto, dois pontos, até que sua história fique atraente e impressionante. Mas, ao fim e ao cabo, ele acaba falando sozinho.

Contar piadas, alegrar e alegrar-se, essa é a delícia dos deuses. Mitológicos ou humanos, tanto faz. Palavra de Platão. Eu assino embaixo.

Mas, falar em rir para quem está no fundo do poço, parece piada de mau gosto.

Por sinal, até o fundo do poço tem piada: a menina olhou para o fundo do poço e viu sua imagem projetada na água, pensou que sua irmã gêmea tinha caído e correu a chamar um bombeiro, que chegou a toda, olhou para dentro do poço e acalmou a menina: " Fique tranqüila, que já tem um colega meu lá embaixo salvando a menina".

Sei que fazer rir um deprimido é empreitada mais difícil do que endireitar banana. Tem gente que não ri nem que os anjos virem cambota no céu. Conheci um asceta tão severo, que fez voto anti-risotônico. Cada vez que ria, por descuido, pedia perdão a Deus e fazia jejum e penitência por quarenta dias e quarenta noites.

Faça uma coisa boa para si, para a família e os amigos: desarme o espírito, solte-se e se predisponha a rir até da própria sombra.

Guarde uma piada para as rodas de amigos, ou para a família, como aquela da loira que não tomava leite gelado porque a vaca não cabia na geladeira e sempre colocava um pastel na jarra de leite para beber leite pasteurizado. Que maldade contra essas criaturas mais inteligentes do planeta terráqueo!

Para aqueles que teimam em dizer que piada não é coisa para um religioso filósofo e escritor, rebato com Schopenhauer, filósofo de alta estirpe, que garantiu: “O bom humor é a única qualidade divina do homem”.

E tenho dito.

7

O MUNDO É VOCÊ

Muita gente acha que viver é difícil.

Dizem que cada dia a gente tem que matar um tigre para sobreviver.

Geralmente, as pessoas acreditam que o mundo é complicado, a vida é cheia de armadilhas, cada dia é um tormento e há muitas barreiras e dificuldades no caminho.

Com essa mentalidade, admitem que viver é sofrimento. Não é por nada que certos filósofos afirmam que a vida é uma desgraça necessária.

Essas ideologias negativas são geradas pelo desconhecimento e pela confusão.

O mundo é você.

A vida é você. Tem o feitio que você lhe der.

Isto significa que não é a vida que faz você, mas é você que faz a vida, ao contrário do que muitos pensam.

Você não é mero espectador, mas ator. E não só ator, como autor.

Sei que vai alegar que há contratempos, desgraças, imprevisibilidades, como separações, fracassos, coisas que a gente não deseja que aconteçam.

Sugiro que você reflita comigo essa idéia: Não são os acontecimentos que fazem a vida de uma pessoa, senão que a vida é resultado da interpretação que se dá aos fatos.

Os fatos, em si, são neutros. Voltam-se para onde você os voltar. Mesmo os que levam a marca de desgraça.

Qualquer evento se torna desgraça a partir do momento em que você assim o rotular.

Lembro-me do tempo em que, menino, trabalhava no armazém do meu pai e a gente tinha que escrever com um pincel de tinta roxa o conteúdo que estava dentro do saco ou da caixa. Ainda que mal comparando, cada instante você se depara com situações e as vai rotulando de acordo com suas crenças, conceitos e preconceitos: Sofrimento, desgraça, tristeza, maldades, sucesso, impossíveis, desengano, prejuízo, alegrias, incompreensão, expectativas, assim por diante.

O mesmo saco, com o mesmo conteúdo, pode ter rótulo diferente, segundo a mentalidade de cada pessoa. Um indivíduo positivo, por exemplo, diante do mesmo fato, colocará um rótulo diferente.

Se, por exemplo, incendiou-se a casa, o negativo fixará este rótulo: Desgraça. Infelicidade. Pobreza.

O positivo escreverá o seguinte: Casa nova, mais confortável e mais bonita.

O pessimista que perdeu o emprego colocará este rótulo: Privações. Infelicidade. Sofrimento.

O otimista marcará com letras garrafais: "Caminho aberto para o melhor emprego. Estou sendo conduzido ao maior sucesso da minha vida. A sabedoria Infinita está me orientando para a minha auto-realização profissional".

No outro dia, li, num livreto de pensamentos: "Em vez de procurares mudar o mundo, procura mudar a tua visão do mundo".

É como eu dizia: "Não são os fatos que fazem a vida de uma pessoa, mas, sim, a interpretação que é dada ao mesmo.

Pense um pouco e verá que o mundo é você. Faça-o tão lindo e confortável e feliz quanto o desejar.

8

QUE VENÇAM TODOS

Certo filósofo de esquina comparou a vida com um jogo de futebol. Segundo ele, Deus criou o estádio, colocou os jogadores em campo, deu-lhes uma bola e gritou a plenos pulmões: "Que vençam os melhores!"

Acredita você que é assim que acontece?

Não, não é assim, a comparação não está correta, nem no todo e nem na parte. Muito menos na essência.

Se Deus tivesse dividido o mundo entre vencedores e perdedores, necessariamente alguns seriam vitoriosos, outros derrotados. E a vida seria uma briga de foice.

– Mas a vida é isso mesmo – sustentou o filósofo, do alto da sua erudição.

– O que aconteceu foi diferente – afirmei eu. – Quando Deus criou o mundo e os seres humanos, deu a estes sabedoria criadora e poder realizador. Depois, sorriu e disse: *"Que vençam todos!"*.

A vida não deve ser vista como uma competição ou como uma luta em que só existem duas possibilidades, a dos vitoriosos e a dos derrotados. Nada disso.

A vida é a realização do universo de cada um. Assim como o universo foi criado pela sabedoria e poder divinos, o ser humano, imagem e semelhança divina, também deve criar o seu universo especial e torná-lo a maravilha das maravilhas.

Não há outro universo concorrente contra o qual se chocará. Há, sim, o universo inesgotável de cada um.

Você será vitorioso ou fracassado no seu próprio universo, ou seja, consigo mesmo.

Fazendo outra comparação, você tem um caminho a percorrer. O traçado do seu caminho é formado por seus ideais, sonhos, projetos e metas. Portanto, o seu caminho é *SEU* caminho e de mais ninguém. É equívoco imaginar competidores ou concorrentes.

Cada qual tem o seu próprio caminho: ou o percorre ou não. Se não fizer sua trajetória, ninguém mais a fará por você e sobrará um vazio no mundo. Um buraco negro perene. Não há reservas para substituí-lo. Ninguém será escalado para fazer o seu percurso, porque cada criatura humana já tem o próprio caminho. Onde está o caminho, aí está a vida de cada um.

Isto de dizer que a vida é um combate, que lobo não come lobo, que, se bobeou dançou, que os outros estão loucos para derrubar você e tomar o seu lugar, que quem pode mais chora menos – é fruto da ignorância.

O seu caminho – volto a repetir – é *seu* caminho e apenas você poderá percorrê-lo.

Somente você tem o mapa da sua estrada e do seu destino.

Assim como ninguém pode ser feliz por você, da

1

SE....QUER CRESCER

Se errou, acerte.
Se não ajudou, não critique.
Se marcou hora, não falhe.
Se não é seu, cuide.
Se tem novas idéias, diga.
Se nunca fez, aprenda.
Se vai piorar, avise.
Se não tem a ver, não se intrometa.
Se esqueceu, dê um jeito.
Se faz parte, colabore.
Se não acreditam, surpreenda.
Se está gostando, elogie.
Se não acertou, refaça.
Se é com você, atenda.
Se está nervoso, relaxe.
Se não sabe, pergunte.
Se deu certo, festeje.
Se está de mau humor, sorria.
Se deu a palavra, cumpra.

mesma forma o seu ideal é seu e unicamente você deverá realizá-lo.

Se está vendo monstros a barrar a sua passagem, console-se, que alucinação tem cura.

Se está encontrando diabos de forca em punho e sorriso macabro no meio da estrada, acorde de uma vez deste pesadelo e vá tomar uma água com açúcar.

Deus deu a cada um sabedoria criadora, poder realizador, caminho a ser percorrido e a capacidade de construir o melhor dos mundos ao longo da trajetória.

E disse, com entusiasmo e fé nas suas criaturas: *"Que vençam todos!"*.

Conquiste a *sua* vitória galhardamente e vá para o abraço da vida, que você merece!

2

Se lhe ofenderam, esqueça.
Se está mal, solucione.
Se não gostou, proponha algo melhor.
Se quer mais, faça por merecer.
Se não aceita, explique.
Se fracassou, recomece.
Se quer sucesso, persista.
Se quer um abraço, abrace.

9

TENDÊNCIAS DO MUNDO ATUAL

Não adianta você ter carroceria nova se o motor não funciona.

Não adianta corpo bonito se o cérebro está emperrado.

Não adianta casar com a moça mais linda do mundo se o coração está cheio de mágoas.

Conhecimentos são importantes, mas o que faz a vida são as emoções e as motivações. O Chocolate engorda mas é irresistível, para muita gente.

Como dizia Lavoisier: "O coração tem razões que a própria razão desconhece".

Chegou o homem na loja e quis devolver o martelo.

– Por quê?

– Porque ele nunca acerta a martelada no prego.

Não é o martelo e nem o prego que estão errados, mas quem está usando o instrumento.

Se você se queixa da vida, dos compromissos complicados, do emprego, é como o homem que se queixa do martelo e do prego.

A vida, os compromissos, o trabalho e o estudo são o que você pensa que são. Têm o prazer que você lhes der. Fazem a alegria que você sentir.

Não é o martelo que entra na sua vida, é você que entra na vida do martelo. Ele é apenas resultado, você é a causa.

O trabalho, pelo trabalho, pode ser insuportável. O trabalho por um ideal é caminhada gloriosa e apaixonante.

Se você diz que está colocando um tijolo em cima do outro, é uma coisa; se diz que está construindo uma catedral, é outra coisa.

Se você estuda por estudar, sentir-se-á prisioneiro de uma obrigação; se estuda porque é degrau para chegar ao topo do seu projeto de vida, é ato estimulante.

Hoje em dia, as pessoas estão cada vez mais interessadas em temas e conhecimentos que dizem respeito a uma vida melhor, mais prazerosa, de mais qualidade. Isto é óbvio, porque, você sendo feliz, seu trabalho, suas atividades, seus relacionamentos serão felizes também.

O mundo exterior é reflexo do mundo interior.

Quando você aprende a ser um ótimo empresário, vendedor de sucesso, profissional capaz, empreendedor próspero, ainda não aprendeu o principal: ser feliz.

Sendo feliz, tudo terá sentido.

Sendo infeliz, nada lhe satisfará.

Se o motor funciona bem, a carroceria bonita e bem-feita terá razão de ser.

Você e o empreendimento não são a mesma coisa:

você está aqui, o empreendimento está lá. Você é o que acredita ser e o trabalho será o resultado dessa verdade interior.

Antes de tudo, pois, você.

10

ONDE ESTÁ O SEU VALOR

Há 2.350 anos, viveu um famoso filósofo chamado Aristóteles. Escreveu ele: "O valor de um homem é pelo que ele é em si mesmo".

Na verdade, não é o poder aquisitivo que faz uma pessoa, como muitos pensam. Também não é a marca do carro e nem a arquitetura da casa. Muito menos a sigla partidária ou o cargo que ocupa.

O que diz de uma pessoa é sua realidade interna.

O ser humano vale pelo que é em si mesmo e não pelo que tem, embora ter seja necessário para melhor expressar-se na vida.

A dimensão da criatura humana atinge as raias do Infinito, mas é bom lembrar que ser e não saber, na prática é o mesmo que não ser.

Se você não sabe que possui um carro perdido no fundo de um galpão, é o mesmo que não ter o carro.

Se você não sabe de suas qualidades e potencialidades e se acredita ser um fracassado, agirá como fracassado, então será um fracassado.

O conhecimento é o ponto de partida indispensável.

Ninguém pode querer o que não conhece.

Ninguém pode ser o que não sabe.

Não basta ser. Importa saber que é.

Já dizia o filósofo grego Sócrates: “Conhece-te a ti mesmo”.

O melhor investimento que você pode fazer é sobre si mesmo. Pouca gente, no entanto, chegou a essa sábia compreensão.

Muitos são peritos em computação e internet, porém extremamente ignorantes sobre a sua própria dimensão. Até uma tristeza ou uma depressão pensam que é fatalidade do destino.

Há especialistas em Engenharia, Agronomia, Macroeconomia, Astronomia e outras ias que quase nada sabem a respeito de si e vivem se amaldiçoando.

O valor de uma pessoa é pelo que ela é em si mesma – disse Aristóteles.

Você conhece pessoas que são um poço de conhecimentos científicos e tecnológicos, mas o caráter e o autoconhecimento estão em precárias condições.

Procure ser o que é na sua verdadeira realidade. Entre nas profundezas de si mesmo e alcance a sua verdade de filho de Deus.

Se é fato que você é autor de sua vida, chegará à conclusão de que deve existir, no âmago do seu ser, sabedoria e poder para tanto. Simples lógica.

Não fique sentado à beira do caminho chorando as mágoas.

Levante-se, sacuda a poeira do passado, erga a bandeira da sua legítima identidade, abençoe a sua grandeza e siga feliz pelos caminhos do amor, da felicidade, do progresso e da saúde.

11

Realistas e pessimistas

Diz um autor desconhecido que "o pessimista se queixa do vento; o otimista espera que ele mude; o realista ajusta as velas do barco".

Eu não concordo com essa colocação. Muita gente passa a idéia de que o otimista é um avoado sem seriedade e que o realista é que age com inteligência.

Para mim, a imagem acima é mais corretamente aplicada desta maneira: "O pessimista se queixa do vento; o realista constata que vento é vento, nada há que fazer; o positivista tira proveito imediato do vento; o otimista vê os benefícios que o vento proporcionará".

O otimista tem os olhos no presente, mas a mente num amanhã melhor.

O otimista vive este momento, porém com os olhos mirando o futuro.

Toda a pessoa positiva é otimista e todo o otimista é positivo.

Quem não possui mente positiva, não conseguirá ser otimista, porque a mentalidade negativa idealiza um futuro pior.

Muitos negativos pretendem esconder a visão opaca da vida, dos acontecimentos e dos projetos, dizendo-se realistas. E, por serem realistas – e não sonhadores – é que estariam vendo o mundo conturbado e o futuro turbulento.

Essa idéia de que realismo é ver a vida difícil, complicada, sem luz, e sem esperança, além de equivocada, produz efeitos desastrosos nas pessoas menos avisadas.

Às vezes, tem-se a impressão de que os chamados realistas querem, com essa teoria, esconder os próprios fracassos e frustrações, por isso concluem que a vida é assim mesmo, o resto não passa de colírio nos olhos.

Os chamados realistas, no mais das vezes, têm visão fechada e limitada, o que faz com que os exagerados os acusem de não enxergarem um palmo além do nariz.

Há, no entanto, os legítimos realistas, aqueles que partem da análise positiva e eficiente da realidade para criarem as soluções que se fazem necessárias. Como não há solução legítima que não seja positiva – o resto se chama dissolução – a esses cabe o título de positivos, conforme assinalei nas frases iniciais.

Quando jogarem um limão no peito de um pessimista, ele passará o dia se queixando de tanta maldade no mundo; se jogarem um limão no peito de um otimista, ele aproveitará para fazer uma limonada.

Ser positivo e otimista é o único caminho do sucesso.

O positivo vê o que há de proveitoso em qualquer

realidade e, baseado nessa visão, projeta soluções e realizações benéficas e benfazejas. Vê-se então que toda pessoa positiva é também otimista.

Há tempos, lancei um livro com esse título: "Sem Pensamento Positivo Não Há Solução". É uma grande verdade, porque só existe solução se for positiva. Qualquer determinação que não for positiva, não será solução.

Em todas as suas análises e conclusões, meça tudo com as réguas positivas e otimistas. É assim que se vai para frente.

O grande estadista inglês Winston Churchil dizia: "O otimista vê em cada calamidade uma oportunidade; o pessimista vê em cada oportunidade uma calamidade".

12

Positivos e negativos

Dizia aquele químico bem-humorado que os dois elementos mais comuns no universo são o hidrogênio e o negativismo.

Negativismo é, na verdade, preguiça de pensar. É o elemento poluente da natureza humana.

O famoso escritor George Bernard Shaw, saiu-se com esta: " As pessoas costumam pensar duas vezes por ano; eu penso uma ou duas vezes por semana e me tornei famoso".

Com tanto negativismo por esse mundo afora, até parece que pensar positivo dói a cabeça.

Pior ainda são aqueles que obedecem rigorosamente aquela tal de lei de Murphy: "Se alguma coisa pode sair errada, sairá". Por exemplo, todo barbante cortado na medida exata é sempre mais curto; atalho é a distância mais longa entre dois pontos; depois de um dia de chuva é sempre segunda-feira; se a sua torrada cair, cairá com a manteiga para baixo".

Meu amigo, se você vive pensando negativamente, os resultados da sua vida serão negativos. Lei de causa e efeito.

Muitos julgam que essa história de pensar positivamente para as coisas correrem bem é papo furado, pois a vida não fica atrelada ao que se passa na cabeça de uma pessoa. Ledo engano. Faça um inventário da sua vida e verá, até com surpresa, que ela percorreu literalmente os trilhos dos seus pensamentos e crenças. Não há como ser diferente.

Comece a pensar positivamente e verá os resultados benéficos.

Já afirmava o Mestre que frutos bons só podem advir de árvore boa. Realidades positivas são frutos de pensamentos positivos, uma vez que nós somos o que pensamos.

Quais são suas crenças? Qual é sua mentalidade? Como você encara a vida? Este acervo mental traçou a sua realidade de hoje.

O filósofo grego Sócrates afirmou, certa vez: "Dize-me com quem andas e te direi quem és".

Posso parafrasear o filósofo: "Dize-me com que pensamentos andas e eu te direi quem és". Pura verdade.

Sugiro que, de hoje em diante, você comande sua vida comandando seus pensamentos. Lembre-se que, para onde você dirigir seus pensamentos, para lá dirigirá sua vida. É simples assim.

Pensar é ser e ter.

Pense positivamente. É o caminho.

13

NÃO BUSQUE PROBLEMAS PARA A SOLUÇÃO

Não se admire do título acima, porque há pessoas que buscam uma solução para cada problema e outras que buscam um problema para cada solução.

São os do contra. Sim, contra as coisas boas e bem-feitas.

Se alguém diz: "Eu tenho idéia", eles exclamam emocionados: "Finalmente, depois de tantos anos de vida, você tem uma idéia!"

Se algum criativo apresenta um projeto, eles são as aves de mau agouro, que logo fulminam: "Não vai dar certo".

Malcolm Kushner, no seu livro Um Toque de Humor, descreve assim as seis fases de um projeto: "1.Entusiasmo; 2.Desilusão; 3.Pânico; 4.Procura do culpado; 5.Punição do inocente; 6.Elogios e honras aos que não participaram". É uma brincadeira que, às vezes, reflete o que acontece por obra e arte dos pessimistas.

Quantas idéias brilhantes foram para o cesto de lixo

porque sufocadas por gente complexada ou traumatizada.

Inúmeras pessoas recolheram-se à penumbra da própria timidez, acossadas por opositores prepotentes.

Quantas invenções a mais teríamos se seus criadores não se tivessem deixado dominar por prognósticos insensatos.

Há pessoas de frágil personalidade que se melindram por qualquer palavra pessimista.

Claro que desejo que, a partir deste momento, você seja você mesmo, assuma sua dignidade e grandeza e ponha para fora seus talentos e sua ousadia.

Pode errar? E daí? Só não erra quem nada faz. Aliás, este já é um erro institucionalizado. Quem nunca arrisca nada está cometendo o maior risco.

Gosto de citar esta frase de um escritor, cujo nome não me ocorre no momento: "Os navios estão a salvo no porto, mas não foi para isto que eles foram criados".

Quanto aos problemas, sempre digo: "Só existe o problema porque existe a solução".

Não perca tempo e dinheiro no problema, mas na busca da solução. Esta, não raro, é como o saci-pererê: onde menos se espera e de quem menos se espera, pode surgir a solução.

Nunca desanime. Acalme a mente, relaxe e invoque a Sabedoria Infinita que habita seu íntimo. Ao ser invocada, dará a resposta. Sim, porque a resposta existe, a mente racional é que não sabe onde está. Mas a Sabedoria Infinita, que transcende a mente consciente, sabe tudo e sabe a solução que você busca.

Resumindo: seja positivo, acredite que todo problema tem solução e que a solução está logo aí, na esquina da sua mente criadora.

Maravilhas hão de acontecer.

Ouça a opinião dos outros, analise-as friamente, e recolha para si apenas o que lhe servir. Lembre que ninguém é mais do que ninguém. E ninguém tem mais responsabilidade sobre você do que você mesmo. Então, seja o primeiro a buscar a sua própria solução.

Você pode.

14

QUOCIENTE ESPIRITUAL

Por certo, você já ouviu falar nos buracos negros existentes em nossa galáxia. Mas não é deles que gostaria de trocar idéias e sim do buraco negro existencial.

Chamo aqui de buraco negro existencial aquele vazio que pode acometer você em determinado momento da vida.

Nada acontece por acaso.

Sua vida gira em alta velocidade, colocando em órbita seus negócios, salário, dinheiro, mudança de emprego, desemprego, perdas financeiras, morte de entes queridos, separações, problemas familiares, empréstimos, dívidas, frustrações, projetos, sucessos, fracassos – e no bojo deste furacão vai se formando um vácuo arrasador. É a força centrípeta. As coisas passam a fugir do seu alcance, trazendo sensações de medo, impotência, culpa e raiva.

De repente, você se sente só nesse mundo, a vida

girando sem sentido. E vê-se tomado de pessimismo, autoaversão e inutilidade.

É o buraco negro espiritual.

Em tempos não tão distantes, o que media o sucesso das pessoas era o quociente de inteligência, chamado QI. Depois, deu-se importância maior ao quociente emocional. Agora, no amanhecer deste terceiro milênio, fala-se muito em espiritualidade, ou seja, busca-se forte ligação com as dimensões do espírito.

Houve a percepção de que o espírito forma o núcleo vital, que desfaz o abismo existencial.

A espiritualidade levanta o ser humano para além do furacão, lhe dá novas e positivas perspectivas de vida e, acima de tudo, dá sentido à caminhada.

A matéria é transitória, as coisas podem mudar da noite para o dia: hoje você está bem, amanhã enojado da vida.

Mas o espírito é perene, é a própria essência da felicidade, é a energia do amor, é o sol além das nuvens negras.

O segredo é chegar ao espírito para que exista a espiritualidade. Esta consiste na interação com o Divino, com o Infinito, com a Fonte, com o Sol que jamais arrefece.

Em face das vicissitudes da vida, boas ou ruins, você encontrará dois caminhos: um leva ao buraco negro e você submerge no estresse, na depressão, no desespero, na enfermidade; o outro, alça à espiritualidade, que o inunda de paz, de amor, de perdão, de alegria e autoconfiança.

Neste caso, a auto-estima sobe aos melhores níveis e você se sente bem neste mundo maravilhoso de Deus.

Quando sua mente e seu coração clamarem por uma vida mais significativa, dê atenção, porque é o seu ser mais profundo que está se manifestando.

Quando você se sente no fundo do poço – outro sinônimo de vácuo existencial – atenda ao seu verdadeiro "Eu", que está querendo ser o que é.

Enfado, desânimo, sentimento suicida, são brados internos do seu Ser, que quer que você abra o olho e a mente para a situação insustentável e volte a si.

Quando você rodopia na turbulência do buraco negro, encontrará, no fundo da vórtice, uma tabuleta com letras garrafais: "Último Aviso".

Solução? Refugie-se na espiritualidade e essa energia superior levantará você, dará força à sua vida, iluminará o mundo e abrirá uma esplendorosa visão das estrelas, do sol, do universo, da vida. Em meio a essa explosão de Luz, você verá o sorriso de Deus.

Agora você descobriu finalmente o segredo que faz a alegria de viver e que desfaz a depressão, o estresse, os medos, a culpa, as raivas e o buraco negro do coração.

Então, proclame aos quatro ventos da alma que este é o primeiro dia da melhor etapa da sua vida.

1

SER JOVEM OU VELHO EIS A QUESTÃO

Jovem tem ideais
Velho tem lamúrias

*

Jovem é fogo
Velho é cinzas

*

Jovem é correnteza
Velho é água parada

*

Jovem quer viver
Velho quer desistir

*

Jovem quer fazer a vida
Velho espera que a façam

*

Jovem é aventura
Velho é desventura

*

15

PENSAR É SER

Preste bem atenção ao que vou lhe dizer: Não pense neste momento em limão azedo.

Conseguiu?

Não conseguiu. Você não foi capaz de deixar de pensar em limão azedo.

Com este exemplo muito singelo, você percebe que o pensamento negativo que você cria, mesmo que você não queira é uma semente jogada no solo da sua vida.

Agora me conte quantos pensamentos negativos você cria diariamente ou deixa que os veículos de comunicação lancem para dentro da sua cabeça. Se lhes der atenção e os aceitar, vão fixar-se na sua mente e produzir os resultados correspondentes.

O conteúdo do pensamento negativo estabelece a realidade negativa.

Só existe uma solução: criar pensamentos positi-

2

Jovem acorda
Velho dorme
*
Jovem desbrava caminhos
Velho senta no caminho
*
Jovem acredita
Velho desconfia
*
Jovem é prefácio
Velho é epílogo
*
Jovem é alvorecer
Velho é lusco-fusco
*
Jovem perde a batalha mas não a guerra
Velho perde tudo
*
Jovem é otimista
Velho é pessimista
*
jovem é positivo
Velho é negativo
*
Jovem vai em frente
Velho recua.
*

vos. Estes farão a sua realidade positiva.

Veja o mundo e o dia-a-dia pelo lado bom, com óculos cor-de-rosa, e então sua vida transcorrerá de acordo com essa crença.

Examine suas idéias, suas crenças, suas preocupações, sua ideologia, e descobrirá como inverter a carga negativa que atrapalha seus passos.

Outra coisa: verifique aqueles ditados que pautam sua conduta e procure dar-lhes feição positiva.

Transforme as crenças negativas em positivas.

Abraham Lincoln, por exemplo, recomendava não gastar mais do que se ganha. Conselho óbvio. Mas dá a idéia de carência, de privação, de limitação.

Inverta a frase: "Ganhe sempre mais do que gasta".

Ao invés de dizer: "Ninguém gosta de mim", afirme: "Eu gosto das pessoas".

De repente, você sente ímpetos de comentar que o mundo vai mal, a violência ganha proporções inaceitáveis e o povo está cada vez mais pobre. Pense assim: "Precisamos tornar o mundo melhor, contribuir para que o amor e a fraternidade sejam padrão de vida humana e estimular a compreensão de que as riquezas estão ao alcance de todas as pessoas".

Não jogue para não perder; jogue para ganhar.

Não promulgue um Deus que castiga, porque este conceito é desnecessário e gerará sentimento de culpa, de peso, de intolerância, de desamor e de desânimo. Pense num Deus amoroso, bondoso, generoso, paternal. Esta é uma imagem positiva, acolhedora, benfazeja e atraente.

3

Jovem ergue a bandeira do sucesso
Velho a enrola

*

Jovem vive
Velho vegeta

*

Jovem vê o futuro
Velho vê o passado

*

Jovem dança
Velho se arrasta

*

Jovem é luz
Velho é apagão

*

Jovem é ousado
Velho é assustado

*

Jovem recomeça
Velho desanima

*

Jovem perdoa
Velho remói

*

Jovem é chama
Velho é carvão

*

Não escolha o pior para vituperar e sim o melhor para proclamar.

Ao invés de condenar o mal, incentive o bem.

Não fuja da vida, abrace-a amorosamente.

Aí está uma benéfica filosofia existencial.

4

Jovem crê em Deus
Velho não crê em nada

*

Jovem é o começo
Velho é o fim

*

Juventude e velhice não são idade nem destino. São modos de viver.

Há jovens e velhos em qualquer idade. A escolha é livre.

Não importa o que você tenha sido até aqui. A questão é simplesmente esta: desde agora, o que você quer ser? A escolha é sua, somente sua.

Escolheu?

Então, parabéns, você é jovem, que velho não tem mais nada a escolher.

16

Não se estresse

Já dizia minha avó que vale mais um burro vivo que um leão morto.

Se você está com os nervos mais espichados que arame de cerca, pare pra pensar.

Cientistas americanos entendem que oitenta por cento das pessoas que buscam consultórios médicos, para conseguir medicamentos ou conforto, sofrem de algum tipo de estresse.

Diante de qualquer exigência momentânea da vida, maior ou menor, como assalto, esforço, dor, medo, humilhação, morte, desemprego, acidente, perda, conflito, desentendimento, chefe ou professor antipático, decisão difícil, viagem, negócio grande ou complicado, casamento, angústia, compromisso que afete a própria imagem, mudança de vida ou de cidade, namoro ou noivado desfeito, excitação emocional, dívida, diminuição de venda, perda nos negócios, contradições fortes entre a crença e a atitude, doença, perda de amigo, complexo de culpa, e tantas outras solicitações do dia-a-dia, o corpo entra em tensão, reage de acordo com a determinação mental, e libera adrenalina ou noradrenalina para sustentar e sobrepujar a situação.

Se o período de tensão for longo – para muita gente é coisa de todo dia – o corpo entra em estágio de exaustão. Nessa altura, a pessoa fica com os nervos à flor da pele, tem dificuldade de trabalhar e de se concentrar, corre risco de enfarte ou de úlcera, enfraquece o sistema imunológico, diminui o vigor, o apetite e o sono ficam alterados, enfim há uma ruptura interna no equilíbrio do organismo.

Se o estresse não for resolvido, vai desembocar em depressão, que significa o desânimo da vida. E lá fica você abatido, sem forças, sem vontade pra nada, sem entusiasmo, decaído, com cara de defunto de sétimo dia.

Você percebe que essa forma de viver é uma forma de não viver.

Fica claro que esse tipo de vida não é inteligente. Ao fim e ao cabo, você não se agüenta mais e os outros não agüentam você.

Se está nesta situação, console-se, que esse é um dos males que mais afeta a humanidade de hoje. Como diz a história do Pinóquio: «Éssere frito in companìa c´é sempre una consolazione». Traduzindo: Ser frito em companhia é sempre uma consolação. Com o quê não concordo. Quem gosta de fritura é peixe.

Então, qual é a solução?

Mude o sistema de vida. Se você continua a agir como sempre vem agindo, tudo tende a piorar.

Antes de tudo, é preciso enxugar a adrenalina, ou seja, fazer o organismo retornar ao estado de equilíbrio. A alegria, o riso, a gargalhada – dizem os psiconeuroimunologistas – além de esgotar a adrenalina, levam o cérebro a produzir o hormônio altamente benéfico da endorfina.

O relax é o antídoto contra o estresse, só que a maioria das pessoas busca relaxar na bebida, no cigarro, na droga, o que não dá certo. Faça relaxamento pela respiração calma e profunda, pela mentalização, por uma música suave, pela palavra que solta cada parte do corpo, pela prece, pelo sono bem dormido.

Também, a atividade muscular, exercícios brandos, contato com a natureza, esportes, passeios, lazer descompromissado, férias, desestressam.

Como se sabe, o estresse diminui a libido e prejudica a relação sexual; cultive agora boa vida amorosa e sexual, não regateie carinhos e nem abraços.

Adote sistema de crenças positivas, prazerosas, motivadoras.

Pratique a calma. Dizia um professor de latim no meu tempo de seminário: «Vou devagar porque tenho pressa».

Por fim, não esqueça de alternar horas de trabalho com horas de folga.

E parabéns, você está começando o melhor tempo da sua vida.

Finalmente, você está abraçando a vida, como ela merece.

17

Corrosivos da vida

Havia um grande pinheiro na floresta. Dominava sobranceiro sobre todas as demais árvores. Resistia valentemente às tempestades, enfrentava vendavais, aparava golpes de raios fulminantes e era idolatrado por todas as árvores.

Certa vez, porém, apareceu um enxame de insetos vorazes, que foram corroendo diariamente o poderoso tronco, até que um dia o pinheiro desabou.

Fiquei olhando aquele pinheiro seco, descabelado, inerme, e recordei, com saudade, os bons tempos em que sobressaía sobre a mata.

Uma lição de vida – pensei.

Às vezes, ocorrem grandes borrascas na vida, morte de algum ente querido, separação, fracasso, falência, doença séria, e a gente supera tudo heroicamente.

Mas, surgem os pequenos problemas de cada dia e o bom humor desaba.

A vida está repleta de rotinas chatas, levemente irritantes. Por exemplo, você acorda de manhã, vai tomar café e esqueceram de comprar pão. Você se aborrece. Desce à garagem e é justamente a última chave do molho que abre a desgraçada da porta. Olhou para o carro e notou uma leve arranhadura: "Quem foi o filho da mãe que raspou meu carro?!"

No escritório, louco de pressa, você liga para uma empresa. Do outro lado, aquela voz metálica: "Você ligou para o número 222.43.56.67 (número fictício). No momento não podemos atendê-lo. Aguarde um minutinho". Aí vem a famosa musiquinha que tem o dom de encher a paciência até mesmo de um frade de pedra. Dois minutos depois, a secretária de carne e osso atende: "Desculpe, senhor, em que podemos servi-lo?"

Você explica o que deseja, mas ela encurta a conversa: "Este assunto está afeto a outro setor, por favor aguarde um instante enquanto vou passar a ligação para o departamento que vai atendê-lo". Vem de novo a musiquinha com a mensagem: "Esta empresa tem Iso-9.002 e está capacitada para servi-lo com presteza e eficiência". Mais musiquinha. Cai a ligação. Você já está nas estrelas. Liga novamente. Começa tudo de novo. Mais musiquinha, mais Iso-9002, mais uma secretária, que passa para outro departamento, que passa para o seguinte, que avisa que hoje ninguém está atendendo naquela área. Seus nervos estão que nem arame de cerca.

E quando você recebe um aparelho para montar em casa? Notou que o Manual de Instrução é sempre feito por extraterrestres? Você lê: "Retire do ápice do interruptor à esquerda do pino direito o braço pendular oblíquo e fixe em forma hexagonal sobre a armação seletora pré-regulada no equinócio disponível conforme letras A e B do desenho, que lhe será enviado pela fábrica após o último pagamento". Nem quero ver o chilique que você teve.

Já percebeu que todo tecido cortado na medida exata é sempre mais curto? E quando seu celular acaba a bateria bem no meio de uma conversa importante?

Bem, nessas alturas você capotou.

Saiba administrar as pequenas coisas de cada dia. Não esquente a cabeça. Não vale a pena perder a saúde e a alegria de viver por causa disso.

Você é mais do que esses insetos demolidores.

Dê um abraço a cada inseto em separado e eles jamais devorarão seu bem-estar.

18

NÃO ESQUEÇA O PRINCIPAL

Tem a história daquele leiteiro que, ao entregar o litro ao consumidor, percebeu que só havia água dentro: esquecera de colocar o leite.

E aquela história antiga do velho fabricante de vinho, que, ao morrer, deixou aos filhos um segredo muito importante: "Meus filhos, de uva também se faz vinho".

De madrugada, a mulher acordou o marido e pediu que a levasse às pressas ao hospital porque já ia ganhar nenê. O marido pulou da cama num salto, vestiu-se em velocidade de fórmula um, desceu à garagem, pegou o carro e zuniu para o hospital. Em lá chegando, como diz o outro, percebeu que havia esquecido a esposa.

Você, por certo, está rindo das atrapalhações dessa gente, mas será que não está fazendo o mesmo?

Há vinte anos que você levanta cedo, toma um cafezinho em cima da perna, como se diz, e sai a toda para o trabalho. Esbalda-se o dia inteiro, correndo feito mosca tonta, gastando o telefone de tanto falar e enrouquecendo a voz de tanto reclamar e exigir. Esquece os amigos, mete-se em todo tipo de empreendimento, comparece a todas as reuniões possíveis e imaginárias, não tira férias, que isso é coisa de quem nada tem a fazer na vida.

Nos fins de semana aproveita para repassar toda a papelada do seu negócio e à tarde vai ver como anda o estoque de mercadorias. Um atropelo dos diabos.

Já anda tão estressado que não consegue dizer duas palavras sem se irritar. Os amigos até o apelidaram de "Saidebaixo". Aliás, nem tem tempo para amigos. Diga-se ex-amigos.

Nessas alturas, você já é daqueles que não conseguem ficar sentados cinco minutos. Parece que está sentado em braseiro.

– Por que essa correria?

– Barco parado não ganha frete, meu caro! Devo aproveitar enquanto tenho saúde – responderá você.

– Aproveitar o quê? Aproveitar a saúde para estragar a saúde?

– Ora, quem dorme não pega peixe, já dizia meu avô. Sacrifico-me agora para aproveitar a vida daqui a uns anos. Não sou cigarra, sou formiga.

– E se não estiver vivo nesses tais de anos futuros?

Não esqueça que o percurso é a vida. Só existem dois lugares para se viver: o Aqui e o Agora. Faça o que fizer, viva como viver, lembre sempre que a vida é apenas este momento.

Por outro lado, amontoar dinheiro para usufruí-lo, algum dia, sem saúde, sem energia, sem vitalidade, em estado de depressão, na verdade é um péssimo negócio, concorda?

Como dizia aquele pensador positivo: “Mesmo a caminho da forca, aproveite o passeio”.

Abrace a vida hoje e sempre, não apenas daqui a trinta anos.

19

A VIDA ESTÁ NOS DETALHES

O que mais chama a atenção das pessoas são os grandes feitos. Por toda parte cantam-se os heróis, os vencedores de maratonas, os campeões, os que realizaram epopéias memoráveis, os que chegaram ao limite das forças.

Não esqueça, porém, que tudo que leva ao fantástico, ao supremo louvor, à admiração e ao espanto, é feito de pequenas coisas, de quase insignificantes detalhes, de despercebidos gestos.

Aquele aparato que percorre a fronteira de outra galáxia é um amontoado de pequenos fios, de minúsculos chips, de baratíssimas lâminas, coisas assim. Veja um computador: pequenos botões, traços quase invisíveis, minúsculos pontinhos vão formando a unidade dessa incrível invenção da era espacial.

A vida também é feita de pequenos acontecimentos, situações praticamente inexpressivas, atitudes sem valoração, momentos considerados sem mérito algum. Mas é isso que faz a dimensão mais alta da vida e que torna significativo o dia-a-dia.

Normalmente, as pessoas não dão importância a pequenos gestos de bondade e de generosidade.

Quem pensa haver qualquer valor em parar um instante para dar atenção a um mendigo, ao carteiro, ao ascensorista? Já sorriu alguma vez ao varredor de rua ou ao balconista que, de alguma forma, o está servindo?

Não sei se algum dia você lembrou a gentileza da sua mãe ao preparar-lhe o café da manhã, ao colocar suco de laranja na geladeira para quando você voltar para casa. Aposto que nunca lhe passou pela cabeça dizer muito obrigado. Talvez você não tenha se dado conta do gesto espontâneo e generoso do marido, que levanta mais cedo, prepara o café para ele, você e o filho, e sai para deixar o pequeno no colégio. Todos os dias. E você, quando veste a camisa bem passada, com todos os botões nos devidos lugares, nunca desconfiou que essa camisa não caiu assim do céu?

A gente não se liga a essas coisas do dia-a-dia, como se fossem fruto de geração espontânea.

Ajudar a empurrar um carro enguiçado no meio da rua? – "Ora bolas, o problema não é meu, que compre um carro melhor!"... E se fosse o seu carro a enguiçar?

Comece a observar e valorizar esses detalhes da vida e verá quanto bem pode fazer e quanta satisfação poderá recolher a cada dia.

Não seja como um trator que só sente o impacto de grandes pedras, de raízes vigorosas, de obstáculos gigantescos. Assim, você não desfrutará da vida, mas passará o tempo como rolo compressor em cima dos acontecimentos.

Pequenos detalhes de nós dois – canta Roberto Carlos.

Quando você abre os olhos para as pequenas coisas agradáveis que pode fazer, como dar bom-dia a alguém, ensinar a localização de uma rua, dizer as horas, brincar por alguns segundos com uma criança, aplaudir um artista de rua, abençoar os carregadores de lixo, agradecer a quem está lhe passando a comida, na mesa, deixar o banheiro limpo após o banho – sentirá que você é uma boa pessoa, de bons sentimentos, querida, e sua auto-estima subirá mais alguns graus.

E você está dando e recebendo o abraço da vida.

20

O CLUBE DOS SEM-TEMPO

Pois é, ninguém tem tempo pra nada.

É a tal história: tem gente que corre adoidado para fazer a vida e acaba não tendo tempo de viver.

Outros, ao contrário, são devagar-quase-parando. Andam de freio puxado.

Mas, o que importa aqui não é medir a velocidade da vida, mas a sua qualidade.

Acontece que qualidade de vida, para uns, é ganhar mais dinheiro; para outros, é viver em Paris; para este, é ter um carro último modelo; para aquele, é namorar cinco garotas ao mesmo tempo.

Seja qual for sua filosofia de vida, creio que há de concordar com a velha sabedoria inglesa, que ensina o seguinte:

"Arranja tempo para a amizade – é o caminho da felicidade.

Arranja tempo para o sonho – é prenderes-te a uma boa amarra.

Arranja tempo para amar e ser amado – é o privi-

légio dos deuses.

Arranja tempo para olhar à tua volta – o dia é curto demais para o egoísmo.

Arranja tempo para o riso – é a música da alma".

A sabedoria inglesa manda aproveitar o tempo para curtir amizades, sonhos, amor, convivência, alegria e fraternidade.

A bíblia já dizia que quem tem um amigo tem um tesouro. Bons amigos são agradáveis companhias na caminhada da vida.

Walt Disney filosofava: "Se tu podes sonhar, podes realizar". De fato, a vida tem o tamanho dos sonhos de cada um. Enquanto você sonhar, seu coração transbordará prazer, encantamento, fé e entusiasmo, que são poderosas energias vitais.

Tempo para o amor – avisam os deuses. Amar é encantar-se. É acender a lareira do coração para alguém. Amar é viver. Viver é ser feliz.

Tempo para olhar à volta. Certíssimo. Retire os antolhos. Deixe de enfiar o chapéu até o pescoço, porque então só verá escuridão.

Lembro aqui essa ponderação de Walter Hagen: "Não corras, não te aflijas. Só estás aqui de passagem e é curta a tua visita. O importante é parar e cheirar as flores".

Isso mesmo, contemple o encanto perfumado das flores, a sinfonia da passarada, o azul das noites, a arquitetura das pedras, a engenharia do universo, a variedade sem limites dos seres humanos que passam ao seu lado.

Tempo para o riso. Ah, que bom! Um sorriso oferecido aos seus amigos, colegas, e também a pessoas desconhecidas, é dedicar-lhes o mais belo concerto da alma. Haja assim e não tema essas interpretações idiotas de assédio sexual, como se alegrar a vida de alguém e levantar a sua auto-estima fossem coisa ignominiosa. Falo isso porque, no outro dia, ouvi na televisão que até elogiar a elegância, a roupa e a beleza de alguém, poderia ser tomado como assédio sexual. Que idiotice! Barbarismo! Seria voltar à pior era vitoriana e afastar as pessoas da alegre e descontraída convivência do dia-a-dia. Vá em frente, ofereça o seu sorriso, que ele pode ser a luz que faltava a algum coração aflito.

O sorriso é como o sol: ilumina você e se irradia saudavelmente para as pessoas ao redor.

Tempo para amizades, para sonhos grandiosos, para o amor, para a convivência e para o riso – esta é a receita para que a vida seja uma festa.

Faça assim e a vida abraçará você, com o melhor sorriso da gratidão.

21

Como as crianças

Um dia, você foi criança.
Ainda lembra os tempos da infância?
Aquela singeleza,
a alegria de todas as horas,
o jeito feliz de ver as coisas,
a facilidade de atar amizades sem discriminações,
o sábio método natural de não guardar o passado
e de não se preocupar com o futuro,
a inocência de ver apenas o lado bom das pessoas
e das coisas,
o dom divino de esquecer as injustiças
sem resíduos negativos,
o princípio existencial de acreditar nas pessoas,
a simplicidade de se comunicar com Deus
e com as entidades sobrenaturais,
o coração amoroso!

Esses valores – tão espontâneos na infância – são fundamentais para qualquer idade.

Jesus clarificou sabiamente essa verdade, quando

disse, certa vez: "Se não vos tornardes como as crianças, não entrareis no reino dos céus".

Agora, examine-se e veja se continua com essa filosofia de vida ou criou uma couraça em torno de si, feita de medos, complexos, crenças negativas, educações repressivas e atemorizantes.

Muitas vezes, as pessoas são infelizes e frustradas porque não conseguem sorrir para qualquer indivíduo sem pensar que isso é inconveniente; não fazem um gesto de simpatia para estranhos, porque imaginam que os outros pensarão mal; não encostam um dedo sequer numa pessoa porque a mente exacerbada imagina que é entrega sexual, assim por diante.

Descarregue essa mentalidade pesada, que faz você fugir da vida.

Acredite em si.

Tenha autoconfiança.

Lembre-se que a porta que leva você ao reino dos céus interior é o espírito simples, amável e alegre da criança.

Você vê, no dia-a-dia, pessoas que não se atrevem a olhar para ninguém, com medo que lhe tirem pedaço.

Se você não se tornar simples como as crianças, não entrará no reino dos céus. Sabedoria do Mestre.

Mas, se você tem dificuldade de assumir esse modelo descomprometido de vida, console-se, que não é a única pessoa. Todos nós, com raríssimas exceções, fomos educados mais para temer os outros do que para amar. Disseram-nos que o mundo é mau. O mundo, na verdade, é a linda maravilha do Criador. Se, no entanto, pensar que é mau, para você terá a cara de mau; se pensar que o mundo é bom, para você ele será a imagem do bem.

Quem está certo?

Está de bem com a vida e consigo mesmo quem abraça a humanidade e o universo, porque sabe que o todo é uno.

22

De dentro para fora

Certa amiga, da Ilha da Madeira, enviou-me, há tempos, uma correspondência toda cheia de mensagens impressas, desde o envelope.

Num canto da sabrecarta dizia o seguinte: "*O ovo que é partido de fora para dentro serve para fazer omelete, shampoo ou pode até chegar a apodrecer. Somente o ovo que se parte de dentro para fora é o que descobre que tem asas e sai voando, desfrutando da sua liberdade*".

Achei bem significativa a idéia.

A vida, em última análise, se expressa de dentro para fora.

No interior do ser humano está a energia, a luz, o poder, a sabedoria, o ideal, a força que move montanhas.

Quando você abre sua dimensão interior, aflorará a divindade, que fará você voar às alturas do seu infinito.

Quando você romper a casca de si mesmo, nascerá a vida na plenitude.

Há pessoas que só sabem viver fora de si.

A vida expressada de fora para dentro, não tem sustentação, não possui elã vital.

A vida que se manifesta a partir de dentro, ganha as dimensões essenciais da criatura humana.

Se o ovo não for rompido de dentro para fora, não nascerá a vida.

Se o ser humano não emergir da Fonte interior, não beberá do elixir da felicidade.

Muitos são os frustrados.

Poucos são os que buscam em si mesmos a energia poderosa que rompe barreiras e eleva ao cume da grandeza humana.

Um dia, li esse texto de Rajneesh: "Há um profundo interesse de compartilhar todo esse tesouro, que você descobriu dentro de si mesmo, e de gritar de cima do telhado da casa para as pessoas: "Vocês não são pobres! O paraíso está dentro de vocês. Vocês não precisam ser mendigos, vocês nasceram imperadores". Você tem apenas que descobrir seu império, e o seu império não está no mundo exterior, o seu império está na sua própria interioridade. Ele está dentro de você e sempre esteve ali, simplesmente esperando que você chegue em casa".

Gostei da mensagem de Rajneesh, assim como também me abeberei do pensamento daquele envelope.

Muitas pessoas se encontram em situação calamitosa e não percebem que vivem num reino maravilhoso, onde a vida é sempre uma festa.

É necessário pregar de cima dos telhados a grandeza do ser humano, inclusive daquele que vive na prisão de si mesmo ou no desespero da ignorância.

Ao invés de ser apenas shampoo ou omelete, descubra sua dimensão maior e voe pelo azul celestial do seu próprio reino interior.

E então você receberá o mais belo abraço da vida.

23

Felicidade não é a riqueza e nem a falta dela

Conheci inúmeras pessoas que colocam a felicidade na Quandosofia: "Quando eu tiver uma casa, serei feliz; quando eu casar, como serei feliz!; quando arrumar emprego, me darei por feliz; meu sonho é conhecer Paris e, quando conseguir, minha felicidade estará completa; feliz mesmo vou ser quando me aposentar; quando eu tiver um negócio próprio, aí, meu amigo, serei feliz de fato".

Quando, quando, quando.

A filosofia do quando.

Outros seguem a Sesofia: "*Se* eu fosse rico, seria feliz; *se* eu tivesse uma casa na praia, como seria feliz!; *se* pudesse comprar um carro zero, aí, meu caro, seria realmente feliz; *se* eu ganhasse um milhão na loteria, seria feliz para sempre; *se* eu pudesse fazer férias na Europa, seria feliz de verdade; *se* pudesse ter uma loja e ser dono de mim mesmo, aí sim seria feliz; *se* tivesse dinheiro para construir minha própria casa, seria feliz demais; *se* eu conseguisse um emprego com ótimo salário, minha felicidade seria completa".

Esse tipo de mentalidade pode ser analisado sob diversos ângulos, mas há uma crença que é comum a todos: que a felicidade depende essencialmente da riqueza, do dinheiro, da economia, enfim do mundo material.

Com base nessa visão, surgiram e continuam surgindo filosofias, ideologias, partidos, sociedades, movimentos e correntes de pensamento. Para esses, o paraíso é o dinheiro, a riqueza, a prosperidade, o ter. E para chegar a esse paraíso, fazem de tudo: trabalham como desesperados, buscam a riqueza por qualquer caminho e até por descaminhos; lutam por esse ideal econômico; às vezes, entendem que podem confiscar dos que têm porque ser feliz é a prioridade número um da vida; condenam os que hoje têm porque eles não chegaram a tanto; abrem caminho para a riqueza a ferro e fogo, já que nela estaria a felicidade, supremo gozo da vida.

Bilhões de pessoas confundiram felicidade com riqueza e se desiludiram.

A vida jogou legiões de ricos na cama, dobrados pelo estresse, pela depressão, pelo excesso de preocupações. E mostra outro tanto de milionários entediados até o último copo de wisky importado.

Esse é o mundo dos que acreditam piamente que a riqueza e a matéria fazem a felicidade.

Mas, por outro lado, há um exército infindável de pessoas que concluem equivocadamente que, se a felicidade não está na riqueza, com certeza deve estar no lado oposto e passam a praticar austeridade, pobreza, renúncia, sacrifício, desapego material, desprezo aos bens terrenos; desses, os mais idealistas saem campo a fora condenando os ricos, os empresários, os possuidores de bens materiais, os que têm bastante dinheiro, os que moram em casa confortável, os que andam de automóvel, os que freqüentam restaurantes, praias, parques de diversão e regiões turísticas. Mas, também nesse grupo, a infelicidade campeia solta.

Em face dessas duas realidades, surgem pensadores que se perguntam: se a riqueza não é a essência da felicidade e se também a pobreza e a austeridade não são a essência da felicidade, então onde ela se situa, afinal de contas?

- Na mente.

Felicidade é estado mental.

Em qualquer situação econômica e financeira, a pessoa deve ser feliz. Felicidade não depende do mundo exterior. Este, no entanto, pode ajudar o indivíduo a ser feliz. O mundo material é necessário para criar as melhores condições de vida. Mas não é a felicidade.

É por isso que existem ricos felizes, pobres felizes, miseráveis felizes, cristãos e não cristãos felizes, cultos e analfabetos felizes, citadinos e camponeses felizes. E o contrário também acontece.

Felicidade é inerente a todo ser humano e está no único lugar onde a Sabedoria Infinita poderia colocá-la: dentro de cada um.

Seja qual for sua situação, ninguém e nem nada impede você de ser feliz aqui e agora.

Seja muito feliz. Hoje. E sempre.

Abrace a vida, aconteça o que acontecer.

24

Existem atalhos e atalhos

Diz a lei de murphy que o atalho é sempre a distância mais longa entre dois pontos.

E tem aquele velho jargão do tempo da vovó: "Quem vai pelo o atalho, passa trabalho".

Até poderia caber aqui mais outro refrão repetido por aí: "A pressa é inimiga da perfeição".

Lembrei agora a velha sabedoria popular, que diz assim: "O apressado come cru".

Chega de axiomas, que isso aqui não é dicionário de frases de efeito.

Mas eu fiquei pensando que, muitas vezes, a gente quer buscar atalhos na vida, que acabam tornando tudo mais distante e mais complicado.

Nunca experimentou fazer regime de emagrecimento pelo atalho? Deu certo?

Quando você quis acabar com uma tristeza pelo atalho do comprimido, a tristeza se foi definitivamente?

Ou voltou logo aí, na esquina do seu pensamento teimoso?

E aqueles que quiseram enriquecer pelo atalho do roubo, do assalto, da exploração, conseguiram ou ficaram comendo o pó da terra ou o pó da prisão por tempos sem fim?

Você conhece gente que busca a felicidade e o prazer e a euforia pelo atalho das drogas. São felizes ou espicharam interminavelmente os sofrimentos da vida?

Há pessoas que buscam atalhar os caminhos do sucesso procurando derrubar os que estão na frente. Chegam antes? Ocupam o lugar que queriam ou ainda estão a ver navios?

Lembra aquelas vezes que pretendeu atalhar o tempo apertando ferozmente o acelerador do seu carro? E daí? Diz a velha prudência que quem corre demais na terra, chega mais cedo no céu.

E aqueles que não têm tempo para descanso, nem para a família, nem para si mesmos, porque a correria do trabalho exige o atalho que corta tudo que não rende dinheiro? Chegaram lá? Se chegaram, como chegaram?

Outra coisa: será que você não pretende atalhar a vida do seu filhinho, atropelando a infância com aulas de inglês, natação, balé, coral, teatro, música, computação e outras coisas e loisas? Brincar é perda de tempo ou é exercício de criatividade?

E o garoto que queima a etapa deliciosa da adolescência querendo mostrar-se adulto através do cigarro, da bebida, da droga? Será que um dia não vai sentir nostalgia daquela idade que não aconteceu?

E aqueles que só falam, pensam e agem em função da outra vida, não estariam atalhando os caminhos desta vida maravilhosa, benfazeja, prazerosa, feliz, amorosa e gratificante?

Também há os que querem atalhar a via da realização pessoal, esperando que os outros lhes dêem imediatamente o que deveriam buscar por si mesmos.

Você tem a vida nas mãos. Abrace-a. É presente do Infinito. Ela vem enfeitada com o cordão da liberdade. Faça bom proveito. Você colhe o que semeia.

Seja feliz e otimista.

Felicidade é estado mental, que se expressa hoje, aqui e agora. Transcende o tempo.

O caminho do céu já é o céu, como dizia a doutora Santa Catarina de Sena.

Otimismo é o futuro feito presente.

Felicidade é estado de ser. Aqui e agora.

Assim caminha a humanidade do terceiro milênio.

O tempo é a expansão da vida. E a vida é o abraço da felicidade.

25

ENCARE OS PROBLEMAS

Apresente-me uma só pessoa que afirme não ter problemas e ela será convidada a ser destaque em qualquer Exposição Mundial de Raridades.

Todo mundo diz que tem problemas, mas eu quero insistir que problema real não existe.

O que você chama de problema é apenas resultado de uma elucubração mental. Invenção da sua cabeça.

Calma, não se irrite. Descarregue seus problemas na minha cara ao final desta leitura, não agora.

Vamos pensar juntos: duas coisas precisam acontecer para que ocorra um problema. A primeira, é um fato, um acontecimento qualquer na sua vida. Todo problema está assentado sobre uma situação. A segunda, é a conclusão de que esta situação é um problema.

O fato em si é neutro, assim como uma rosa é uma rosa, um espinho é um espinho.

Num segundo momento, a pessoa ***analisa*** o fato e ***conclui*** que é um problema.

Qualquer acontecimento, para um negativo, pode significar sofrimento, tristeza, maldade, desgraça, prejuízo, angústia, mal-estar.

O negativo vê tudo com olhos escuros.

O pessimista também teima em não ver luz em nada. Tudo vai de mal a pior. Para ele, a própria vida é uma desgraça necessária. Se tiver que escolher entre dois males, o pessimista escolhe os dois.

Já o indivíduo positivo e otimista vê os fatos com outros olhos. Sabe que tudo concorre para o melhor. Tem certeza de que todos os acontecimentos encerram lições benéficas e consegue extrair o lado bom de cada coisa.

O Dr Roberto Cesar Leite, em seu livro O Milagre, escreveu: "Você pode agradecer de coração a todas as pessoas, a tudo que lhe fizeram e a todas as situações que lhe ocorreram, porque, ao ver além das aparências, você descobrirá que estas pessoas e situações trazem, ou lhe trarão, qualidades e potenciais que, sem esses acontecimentos, seriam mais difíceis de desabrochar. Às vezes, você não percebe, mas tudo, tudo mesmo, é para seu bem. Eu sei que dói naquele momento, mas logo vem um outro momento e tudo fica esclarecido e nos seus devidos lugares".

Em resumo, ele concorda que o problema, por ser criação da mente, pode e deve ser visto como passo importante, às vezes necessário mesmo, para uma nova visão da vida, para assestar a seta no rumo certo, para chegar a um determinado ideal ou projeto.

Lembro uma frase do famoso e antigo artista do

cinema brasileiro, o folclórico Mazarope, num dos seus filmes: "Tudo o que acontece é sempre pra melhorar a vida da gente".

Nem o fracasso deve ser encarado como fracasso e sim como caminho para chegar mais rápido ao destino. O fracasso, na verdade, não é fracasso: é acontecimento altamente benéfico, pois encerra uma lição que precisava ser aprendida.

Se você olhar um pouco para trás, verá tantas coisas que surgiram na sua vida como problemas e que hoje você dá graças a Deus por terem acontecido. Sem dúvida, serviram para uma nova orientação, que redundou em ótimos resultados.

Não se afogue em água rasa.

Você é muito maior que seus problemas. Veja-os como belos desafios à sua inteligência e à sua capacidade de transformar limão em limonada.

Tenha a mente calma, simples, humilde e positiva em face de qualquer episódio do seu dia-a-dia e encontrará sempre o rumo mais adequado.

Descarregue o fardo de cada dia.

O Mestre já ensinava há milênios: "Basta a cada dia as coisas de cada dia".

Quando o tempo desabar arrasadora tempestade, lembre que amanhã é outro dia. E será um lindo dia de sol, como diz aquele conhecido axioma.

Não gaste energia em cima de problemas, mas em cima de soluções. Aliás, só existe o problema porque existe a solução, já foi dito.

Desligue a idéia de problema e acenda as luzes mentais que iluminarão os passos a serem dados.

Tudo na vida depende do enfoque da mente.

Há os que dizem que o amarelo é horrível e são incontáveis as pessoas que adoram a cor amarela.

Tenha sempre a mente positiva e ela fará seus olhos verem o mundo maravilhosamente belo.

Veja o mundo cor-de-rosa e abrace-o carinhosamente. Você receberá a energia da retribuição.

26

Melhore cinqüenta por cento da vida

Poderia você me dizer em que lugar as pessoas ficam mais tempo?

– Em casa. Mesmo que alguém seja guarda-noturno. Como não há regra sem exceção, aceito contestação.

Mas, via de regra, você passa aproximadamente cinqüenta por cento da vida em casa. Isto significa que, se a sua casa é um inferno, você está vivendo pelo menos metade da vida no inferno. O único consolo é que, se algum dia tiver que enfrentar o outro, não lhe faltarão conhecimento e experiência.

Afinal, que estou pretendendo com essa conversa?

Quero apenas raciocinar com você o seguinte: já que vive metade da vida na sua casa, é de bom senso que ela seja ótimo ambiente agradável, alegre e positivo E que os moradores cultivem bom humor, amizade, solidariedade e alegria.

Há casas em que se tem a impressão de que seus

habitantes combinam o contrário. Decidem, por assim dizer, em voto individual e secreto, que a casa seja o lugar ideal para descarregar os nervos, as frustrações e os contratempos do dia. Então, quando lá desemboca um cidadão daquele pequeno país residencial, o primeiro habitante que surge na porta será o bode expiatório de todas as coisas erradas que aconteceram no dia. Em conseqüência, ocorre o efeito-dominó e é a vez que o circo pega fogo. E, de bronca em bronca, a vida vai ficando mais para urubu do que para colibri.

Agora, imagine o contrário.

Consegue imaginar?

Não consegue?

Ponha umas brasas na massa encefálica e tente de novo.

Conseguiu? Viva! Sei que você é inteligente a ponto de perceber que, se contribuir para que a vida, entre as paredes da sua casa, seja alegre e divertida, todos se beneficiarão. Principalmente você.

Diz um velho e sábio ditado que, na casa onde entra a alegria e o riso, não entra a doença.

Regras para viver bem esses cinqüenta por cento da vida:

Durma em paz consigo mesmo e com todos e acorde bem-humorado. Se tiver dificuldade, ajude-se com uma fita-cassete ou Cd para um amanhecer feliz.

Descubra que rezar também pode ajudar muito.

Comece o dia com idéias positivas: que o dia está lindo, que você está com boa aparência, que as roupas assentaram bem, que o café está gostoso, que seus familiares são dádivas de Deus na sua vida e que nenhum deles é seu empregado, mas parceiro nesse barco abençoado.

Tome como máxima de conduta a sabedoria de Jesus e dos psicólogos: "Faça ao outro o que deseja que o outro faça a você". Se não quer que os outros joguem roupa no chão, esparramem jornais pelo corredor, derramem migalhas de pão e pipoca pela casa ou que deixem a tampa do vaso aberta e molhada, *dê o exemplo.*

Seja positivo, otimista e bem-humorado nas conversas.

Esqueça a lei de murphy pela qual se algo pode dar errado, dará com certeza. Nada disso. Acredite que tudo tem solução e contribua para a fé e o otimismo das pessoas de sua convivência.

Não discuta sobre o que não tem discussão, como rivalidades de futebol, política e religião.

Ouça com atenção o que os outros dizem e analise calmamente, para tirar suas próprias conclusões. Diga a sua verdade e respeite a verdade dos outros.

Ao invés de ficar jogando ironias, críticas maldosas e ferinas, encontre motivos para elogiar e estimular cada cidadão desse pequeno reino.

Demonstre amor e carinho a cada familiar, sem exceção, porque, na hora da desgraça, serão seu ombro amigo e, nos dias de enfermidade, lhe darão assistência.

E abrace seus companheiros de jornada, que eles abraçarão você.

27

As doze riquezas da vida

Napoleon Hill é conhecido escritor e pensador norte-americano, conhecido por seus livros de auto-ajuda, como Pense e Enriqueça e A Lei do Triunfo.

Tempos atrás, li as doze riquezas da vida apontadas por ele:

1 – Atitude mental positiva.

2 – Boa saúde física.

3 – Harmonia nas relações humanas.

4 – Libertação do medo.

5 – Esperança de futuras conquistas.

6 – A capacidade de ter fé.

7 – Disposição de partilhar suas bênçãos.

8 – Trabalho de amor.

9 – Autodisciplina

10 – Mente aberta a qualquer assunto.

11 – Capacidade de entender as pessoas.

12 – Segurança econômica.

Quantas dessas riquezas já fazem parte da sua vida? Por exemplo, tem você, normalmente, atitude mental positiva, ou vive amargurado, semeando pessimismo por todos os lados? Seus familiares costumam dizer que você é pessoa positiva ou que está sempre na retranca, puxando para trás?

Tem esperança de futuras conquistas ou anda de freio puxado, queimando as balacas, como diz o outro?

A fé – riqueza sexta – é realmente a sua grande energia, que mantém alto seu astral e que fortalece a expectativa de sucesso ou você anda mais desiludido que nunca?

Leon Tolstoi, famoso escritor russo, autor de Guerra e Paz, entre outros livros, escreveu: "A fé é a força motriz da vida".

Outro item interessante: "Mente aberta para qualquer assunto".

Seja dessas pessoas que têm mente arejada, liberta, descomplicada. Assim, você mostrará capacidade de entender qualquer pessoa. Mente endurecida não faz bem e afasta os amigos.

Quando Jesus falava em desapego, muita gente entendia apenas desapego material, mas, na verdade, ele se referia especialmente ao desapego de preconceitos, ideologias, fanatismos, fixações, obsessões, mágoas, traumas, medos e fracassos.

Por que certas pessoas afundam em depressão? – Porque não se desapegam do passado.

Examine quais os três itens que você acha mais importantes na sua vida e, depois, quais os três números menos significativos para você.

Que sua vida seja um oceano de riquezas materiais, mentais, espirituais e emocionais!

Então, sua vida será um abraço de felicidade.

28

Ensinamentos de criança

O poeta Paulo Leminski, falecido em 1989, escreveu: "Nesta vida pode-se aprender três coisas com uma criança:

"Estar sempre alegre,
nunca ficar inativo
e chorar com força por tudo que se quer".

Muito boa a percepção do poeta. Colheu três belos ensinamentos.

Estar sempre alegre é uma necessidade vital.

A alegria fortalece o sistema imunológico, faz bem ao estômago, leva o cérebro a liberar endorfina, deixa a pele corada, oxigena o sangue, oxigena o cérebro, é tônico cardíaco, previne e elimina a depressão, acaba com as preocupações, dá fim às angústias, aproxima as pessoas e torna a vida agradável e prazerosa.

Criança alegre faz a festa da família. Encanta os avós. É sol para as tormentas da vida.

Como é bom conviver com um ser humano alegre! Sua irradiação afasta os ranços do negativismo.

Pessoas deprimidas necessitam espelhar-se na alegria infantil.

Ser deprimido é levar a vida a sério demais. O deprimido não aceita derrotas e nem contradições. No fundo, o deprimido é um perfeccionista.

Jesus, profundo conhecedor da alma humana, recomendava, há dois mil anos, que sejamos simples e alegres como as crianças.

O antídoto para os males é a alegria. Tanto é verdade, que a tristeza, o negativismo, o pessimismo, a insatisfação, a depressão, as dores, os sofrimentos, a violência, a antipatia, a raiva, a mágoa e o ódio, são inimigos figadais da alegria.

Para completar, basta dizer que a alegria é o elixir da longa vida.

Diz a sabedoria milenar da bíblia: "A alegria do coração é a vida do homem e o contentamento lhe multiplica os dias".

Lembra ainda Paulo Leminski que a criança nunca fica inativa e isso é exemplo para os adultos.

A criança é a mensagem do "mexa-se", faça alguma coisa, encontre algum hobby, brinque, caminhe, pratique esportes, escale o pico do Everest, atravesse o rio Amazonas a nado, pegue jacaré a unha, dome um leão por dia, aprenda hebraico, conte as estrelas, estude o sexo dos anjos...enfim, ocupe-se. Se não tiver nada mesmo para fazer, cante uma ópera no banheiro.

Se você não se mexe, não espere que o empurrem.

Por fim, diz Leminski que a criança ensina a "chorar com força por tudo aquilo que se quer". Essa é boa. Tem gente que desiste de primeira: não deu, não deu, ponto final.

Se a coisa está difícil, chore com força, mais força, berre, use um trombone, quer dizer, empregue todas as energias físicas e mentais para alcançar o objetivo. Diz o velho ditado que "quem não chora não mama".

Não estou defendendo que deva encher as medidas dos outros para conseguir, mas encher as próprias medidas, usar a determinação, a persistência, engatar o eixo de força, roncar grosso consigo mesmo, até chegar lá.

Viva a criança e seus exemplos maravilhosos!

Seja como as crianças: abrace com força a vida.

29

O MILAGRE DA NOITE

Diz-se que a noite foi feita para dormir e que o sono é a terapia natural de Deus, para a recuperação das energias despendidas durante o dia.

É isso, mas não só.

A noite foi feita especialmente para apagar em definitivo o dia.

Quando você fecha os olhos e adormece, seu mundo some. Apagou. É uma borracha passada no seu dia.

Quando adormece, de repente você não existe mais. Morreu.

Ao acordar, houve novo milagre da vida.Você renasceu. Sim, a cada amanhecer você literalmente renasce.

Esta é a missão da noite, por sinal desconhecida de tanta gente. E porque desconhecida, cada dia a pessoa pensa que acorda carregando os males e aflições do dia anterior.

Através do sono, Deus dá a chance única de tornar leve e límpida a vida a cada alvorecer, mas, normalmente, as pessoas fazem questão de repor nas costas os sofrimentos e desencantos do dia anterior.

Poucos percebem que o dia anterior não existe. E não existe – volto a repetir – porque o sono recolheu, com a mão, aquelas vinte e quatro horas e as levou embora. Mas, os desavisados teimam em recriar no cérebro, na mente e no corpo, o que já não existe.

Como o subconsciente não distingue entre imagem e realidade, apanha todo esse rol de imagens e as refaz.

Re-faz, faz de novo.

E lá se vai o cidadão do universo a cumprir o seu destino, dobrado pelo peso do dia anterior, do mês anterior, dos anos anteriores.

Ele pensa que seus males existem, assim como o hipnotizado vive literalmente a imagem que lhe é fixada na mente.

Não é por nada que a bíblia recomenda: "Descarrega o teu fardo. Lança sobre o Senhor a tua carga".

A noite e o sono se encarregam de descarregar, mas, teimosamente, você se encarrega de recarregar.

Não são poucos os que se queixam: "Não sei o que fazer. Aconteceram-me tantas desgraças e desilusões!"

Deus, na sua compaixão e carinho por você, montou um esquema de libertação dos males: o sono. Dormiu, apagou.

Mas os seres humanos são como aqueles que não conseguem se desfazer de nada em casa: guardam toda aquela bagulhada, enchendo baús, prateleiras e porões. Cada coisa uma recordação, cada recordação uma somatização.

Ainda bem que você dispõe de tantas noites e tantos sonos quantos quiser. Hoje mesmo vai dormir novamente. Prometa que apagará o passado e que, de manhã, renascerá leve, saudável, límpido, esvaziado. E que há de preencher este branco existencial, criando luz, alegria, felicidade, amor, autoconfiança, alto-astral e elevadíssima auto-estima. Aproveitará, ainda, esses instantes milagrosos para forjar projetos incendiados pelo entusiasmo.

Se você entendeu a mensagem, amanhã acordará renovado, sem cargas inúteis, sem complexos, sem frustrações, sem estresses e sem depressão.

E dirá para si mesmo: "Hoje eu sou outra pessoa".

Agora, abrace a nova vida, que você merece, sem dúvida nenhuma.

30

O MUNDO ESTÁ MUDANDO

O mundo está mudando tanto e tão rápido que certas pessoas se sentem como etês caídos num planeta estranho.

Você vai a uma empresa qualquer, portando triunfalmente o diploma de datilografia, e lhe mostram o sistema de computadores ligados à internet.

Você monta o cavalo e vai à fazenda, de enxada em punho, oferecer seus serviços e lá lhe perguntam se sabe dirigir trator, plantadeira mecanizada, colheitadeira.

É mais ou menos como a história daquelas duas vacas que pastavam satisfeitas á beira do asfalto, quando passou um caminhão com grandes letreiros:

"Leite pasteurizado, homogeneizado, concentrado, desnatado". Uma vaca olhou para a outra e disse:

"Você não acha que já estamos meio desatualizadas?"

O mundo está mudando e será que você não permanece parado no tempo e no espaço?

Não seja daqueles que passam o tempo sentados

na cadeira de palha, que adquiriram no dia do casamento, a exclamar: "No meu tempo não era assim!"

Bons ventos estão chegando: respire-os.

Uma nova humanidade está surgindo: acompanhe-a.

Um novo mundo está nascendo: nasça junto.

Nova visão da vida e das relações humanas está acontecendo: abra os olhos e veja-a.

As relações referentes a capital e trabalho, trabalho e mão-de-obra, estão se modificando rapidamente: modifique-se junto.

Não é mais a força que significa a melhor qualidade de trabalho, mas a inteligência, a capacidade, a mente, a especialidade, a criatividade, a idoneidade: aprenda junto.

Finalmente, o ser humano começa a ser o que é. Força física de produção também têm o elefante e o burrinho. Você deve agir com aquilo que Deus lhe deu primordialmente: a capacidade criadora. Isto o elefante e o burrinho não têm, nem a máquina. Esta só sabe fazer aquilo que o homem programar.

O mundo de hoje começa a ser o mundo da inteligência criadora.

O governo já devia estar alertado para a necessidade urgente de multiplicar os processos de formação dos cidadãos.

Enquanto aqui se pensa ainda em alfabetizar, os países adiantados pensam universidades, institutos, televisões, internet, livros, conferencistas, para motivar e alçar as pessoas às alturas dos novos tempos.

Mas, se este serviço público ainda não acontece,

lembre-se que a vida não pára e nem o progresso. Tome a iniciativa e vá em frente.

Escreveu Victor Hugo: "Nada é mais poderoso do que uma idéia que chegou no tempo certo".

Deixe-se refrescar pelos novos ventos que sopram nesse milênio.

Abrace essa nova vida e seja protagonista de um mundo melhor.

Não há idade e nem situação momentânea que lhe dê o direito de se acomodar no seu cantinho.

Ninguém é tão rico que nada tenha a receber e ninguém é tão pobre que nada tenha para dar.

O mundo espera por você.

Diga, com entusiasmo e fé: "Presente!"

E vá para o abraço da vida.

31

Depressão deveria ser um mal em extinção

A epidemia de depressão, que campeia por esse mundo afora, causa espanto à humanidade, porque acontece justamente no momento da mais avançada tecnologia.

Há imensos recursos e facilidades de lazer e prazer por toda parte, sob todos os pontos de vista, e, com tudo isso, são bilhões de pessoas que sofrem de depressão, cujo pior sintoma é o desânimo da vida.

As ofertas de bem-estar crescem a cada dia e, com elas, não pára de crescer também a onda de deprimidos. Parece paradoxo. Dá a impressão de haver um racha na coerência entre a vida e os fatos.

Na medida em que, segundo as pesquisas, *melhora* a qualidade de vida, *piora* a qualidade de vida.

Não, não sofro de confusão mental. Nem estou pirado. Quero dizer que, no momento em que melhora o índice material de vida, piora a qualidade de vida. Significa que, por incrível que pareça, não é a evolução material e tecnológica que produz felicidade e alegria de viver, mas a qualidade positiva dos pensamentos e sentimentos humanos. O mundo de hoje está provando esta realidade.

A qualidade material de vida de fato está cada dia melhor e mais disponível. Hoje, por exemplo, você pode tomar um avião e usufruir as diversões da Disneyworld, percorrer parques, rios, florestas, cidades turísticas, participar de eventos gratificantes, ou então divertir-se dentro da sua casa com o rádio, tevê, computador, internet, aparelhos de som, vídeos e tudo o mais. Pode curtir um carrão último modelo, usar trajes das mais famosas grifes, embeber-se de perfumes inebriantes, escolher lugares e momentos excitantes. Todas essas solicitações prazerosas estão a seu dispor e, no entanto, a depressão continua solta, arrasando a vida de tanta gente!

Por que ocorre essa contradição?

Onde está a razão dessa dicotomia?

Está no seguinte: o ser humano evoluiu fantasticamente na dimensão material, mas permanece ignorante em relação a si mesmo. Pouco ou nada sabe de si.

Como depressão é estado mental, uma vez que desânimo da vida, tristeza persistente, vontade de morrer, são situações geradas na mente, adianta criar condições materiais para resolvê-la? O mundo material, com toda sua maravilhosa performance, está aí para ajudar a pessoa a acreditar na vida, gostar da vida, sorrir para a vida, desfrutar a vida, mas jamais conseguirá entrar na cabeça de alguém para transformar-se em pensamento, emoção positiva e sentimento benéfico. Eis porque uma pessoa pode ser feliz e outra infeliz, ambas vivendo a mesma situação material.

Percebeu o que acontece?

Se não percebeu, console-se, que a maioria da humanidade também ainda não chegou a tanto.

A depressão e o estresse desmantelam a tese de que tudo na vida é resolvido materialmente.

Antigamente, ao que me parece, as pessoas viviam com mais simplicidade, buscando em si mesmas razões para serem felizes. Hoje, pelo avanço material, acreditam que há solução para tudo no mundo exterior.

Este é o grande xis da questão.

Uma coisa é você abraçar um cheque, outra coisa é abraçar alguém.

Um carro, pelo qual você dá o melhor de si, não é sua vida mas apenas uma ferramenta útil. A vida é você.

Você é seus pensamentos, sentimentos, crenças e emoções.

Não abrace seu cheque, abrace a vida.

32

Deus dá as nozes mas não as quebra

Segundo meu livro "Exploda a Crise – Faça Sucesso", são três os passos para você ser bem-sucedido:

Primeiro, saiba o que quer;

Segundo, acredite que vai conseguir o que pretende;

Terceiro, comece a caminhar no sentido da concretização do seu objetivo.

Muitos não sabem o que querem, menos ainda acreditam na capacidade de alcançar o objetivo e minguadas são as pessoas que começam decididamente a dar os passos na direção da meta.

Se você não sabe o que quer, não chegará a lugar nenhum.

Se você sabe o que pretende, mas não acredita que conseguirá o objetivo, também morreu na casca.

Se você sabe o que quer e não começa a caminhar na direção da meta, jamais conseguirá realizá-la. Pelo simples fato de que é impossível terminar o que não começou.

Inúmeras pessoas passam o tempo todo se queixando a Deus e todo mundo por não chover na horta delas. Se não chove, trate de irrigá-la.

Lembre-se de que Deus dá as nozes, mas não as quebra.

Há um provérbio sueco bem interessante: "Deus dá a cada pássaro a sua minhoca, mas não a lança para dentro do ninho".

Uma vez, aprendi que Deus disse: "Ajuda-te, que te ajudarei".

Numa reunião, abordávamos certo assunto e falava-se da necessidade de cada qual fazer a sua parte. Alguém puxou um ditado, dizendo: "Deus dá os dentes, mas não mastiga por você".

Deus lhe deu poder, sabedoria, capacidade, fé, entusiasmo, energia, para que exerça sua missão de construir o seu mundo e assim contribuir para uma humanidade cada vez melhor.

Nunca se julgue incapaz, dependente, incompetente, porque estará ofendendo o Deus que habita seu íntimo e que é sua resposta para tudo.

Faça uso do poder e sabedoria que lhe foram dados pelo Infinito afim de que realize seus projetos e ideais.

Disse o Mestre: "Quanto ao poder, quem tem fé tudo pode".

Antes de tudo, é preciso você saber que pode e, então, fazer uso desse poder interior.

A sua parte, sempre a terá que fazer.

Lembre-se dos provérbios citados: “Deus dá as nozes, mas não as quebra”.

Repita aquela sabedoria sueca: “Deus dá a cada pássaro a sua minhoca, mas não a joga para dentro do ninho”.

Deus dá os dentes, mas não mastiga por você.

Faça a sua parte e com certeza Deus fará a dele.

Abrace a vida e a vida abraçará você. Tão certo como dois e dois são quatro.

33

SAIA DE UMA VEZ POR TODAS DO SÉCULO VINTE

Você já percebeu que sua vida é feita de crenças e hábitos?

Ao longo do tempo, principalmente na infância, você foi assimilando a maneira de ser, de pensar, de acreditar e de agir de seu pai, de sua mãe, dos amigos, dos jornais, da televisão, da escola. Principalmente da religião.E você foi enquadrando sua vida dentro destas estruturas.

São raras as pessoas que conseguem furar o molde e olhar a vida para além dos esquemas montados nos primórdios da vida.

Os medos também fazem parte das crenças. Sem falar dos traumas e complexos. E dos atavismos. E ainda das tradições. E do enquadramento social.

A mulher, por exemplo, foi estruturada a se dedicar aos serviços da casa, a responder pela criação e educação dos filhos, a ser serviçal e submissa, a cuidar dos outros, a repartir seu mundo afetivo com os demais, daí a tendência às profissões relacionadas com educação, assistência social, filantropia, medicina, psicologia, enfermagem. São funções dedicadas a tomar conta dos outros.

Nos seus arcanos psicológicos, ela consente em sentir-se, pelo menos um tantinho, inferior ao homem, cedendo-lhe os espaços maiores e mais importantes.

No fundo, essas crenças criam condicionamentos negativos, como o medo de viver sozinha, de enfrentar cargos de responsabilidade, de assumir sua independência, de decidir por si mesma, de ser autônoma.

– Não posso aceitar a separação, pois não sei viver sozinha. Sempre fui dependente – lamenta ela.

Já observou quão poucas são as pessoas de raça negra que chegam ao topo da sociedade? Quantos médicos? Deputados? Senadores? Governadores? Reitores? Juízes? Industriais? Empresários? Dirigentes? Executivos? Padres? Bispos? Pastores?

O genoma da mulher seria pior que o genoma do homem?

Têm mulheres que acham que sim e continuam reverenciando as restrições e limites que são impostos ao sexo feminino.

– Mulher dirigindo táxi, caminhão? Essa não! – exclamam algumas.

– Mulher querendo ser presidente? Jogar futebol? viajar sozinha?! Onde estamos?! – recriminam outras.

- Ora, estamos no século vinte e um. No terceiro milênio. Às portas de uma nova ordem social. Ao pé da segunda evolução humana.

É fora de dúvida que todos somos iguais. Originalmente somos um.

Todos têm talentos especiais: homens, mulheres, brancos, pretos, campesinos, citadinos, europeus, norte-americanos, brasileiros.

Este milênio veio para virar velhos esquemas de pernas para o ar.

A mulher está mandando às favas as crenças negativas e os complexos que lhe impingiram.

A autoconfiança e a auto-estima das mulheres destes novos tempos já as estão conduzindo ao topo. Graças a Deus. Porque a mulher só cumprirá sua missão no mundo quando assumir sua plenitude.

A ordem é rasgar os preceitos e preconceitos e sair a campo em busca de um lugar ao sol.

Não se trata de revolução feminina, mas de evolução. Sem mudar a cabeça, nada feito. O perfil dos outros milênios não serve. Se tem que ser médica, seja. Se aspira à política, vá lá. Se tem que viver sozinha, muito bem.

O medo tolhe e encolhe a pessoa.

Pode ser que você esteja espantada ou espantado com o que estou dizendo. Pois, abra os olhos e veja essa juventude solta, alegre e confiante, que avança pelas ruas, pelas universidades, pelas empresas, pelos veículos de comunicação, pela vida em fora. É uma geração que não liga muito para as coisas e sim para os conhecimentos. Tudo certo, porque este é o milênio do espírito, do conhecimento, das internetes, dos computadores, dos celulares e o que mais vai aparecendo por aí.

O mundo está uma maravilha e a vida está ficando cada vez mais linda. Bem como afirmo há muito tempo: "A vida é uma festa".

Então, acredite em si e abrace a vida.

34

SER HONESTO É SER INTELIGENTE

Muita gente pensa que o supra-sumo da inteligência se chama "capacidade de passar o outro para trás sem que a vítima se aperceba".

Para tanto, inventam métodos e estratégias que fariam inveja aos gênios de araque.

Não falo aqui dos punguistas e assaltantes, que espreitam suas vítimas e tentam extorquir o que puderem. Esses já entram no rol dos malfeitores de carteirinha assinada.

Refiro-me às pessoas que têm consciência de borracha e a espicham sempre que desejarem atingir um objetivo. Esses pensam que ser inteligente e bom negociante é ter uma lábia tão envolvente e convincente a ponto de fechar uma transação com preços exorbitantes. Quando conseguem vendar os olhos e a mente do outro, passam o dia sorrindo o sorriso mais malévolo da face da terra.

E proclamam aos quatro ventos: "Hoje consegui

fazer o negócio da China! Como eu, somente eu!".

De vez em quando, surge alguém mais ponderado, que alerta:

– Mas não é assim que se faz!

– Deixe de ser carola e boca-aberta! Nesse mundo, só sobrevivem e prosperam os espertos!

De repente, entra na loja uma pessoa tida e havida como rica e o espertinho sorri com seus botões: "É hoje que eu vou faturar".

O comprador rico escolhe a mercadoria e pergunta o preço. Chegou a hora do bote e o super-negociante atira um valor três vezes maior que o preço de venda. Para acalmar o espírito, raciocina: "Ele é rico, pode pagar. Além do mais, compra se quer!"

Santa ignorância e suprema estultice!

A cabeça é tão oca que não lhe passa pela mente que o outro está fazendo tomada de preço no mercado e jamais voltará a pisar essa loja. Ou, se chegar a comprar, em breve saberá que fez péssimo negócio e não retornará jamais. E o grande super-esperto não entende porque não vende nada e porque terá que fechar sua loja, cheio de dívidas.

Infelizmente, são muitos os que ainda agem dessa maneira no mercado.

Estamos num mundo em que o vendedor de sucesso oferece o produto mais acabado, pelo melhor preço, com as melhores condições de pagamento, dá assistência e trata o cliente como a jóia mais preciosa, a fim de que retorne sempre.

Mais do que isso, o negociante atualizado vai buscar novos produtos, que atendam a outras necessidades e desejos do cliente. Por exemplo, você pode oferecer a melhor geladeira, pelo melhor preço, com as melhores condições atuais de mercado, só que a outra loja já está oferecendo uma geladeira que contém todos esses requisitos, mais economia de 50% de energia, mais isso e mais aquilo... *pelo mesmo preço.*

Concluindo, os "espertinhos da vida" são, na verdade, os mais atrasados.

Seja inteligente sendo correto e atento ao mercado e às novidades.

Encante o freguês e o comprador esporádico.

Esse é o caminho do sucesso.

O outro é você em duplicata.

Abrace-o e o ajude a fazer bom negócio para ambos.

35

DILEMAS DA VIDA

Estamos encerrando, neste limiar do terceiro milênio, o primeiro ciclo da evolução humana: a evolução material.

Até aqui a humanidade ocupou-se precipuamente em criar as melhores condições materiais de vida e, neste aspecto, conseguiu avanços estupendos. Basta olhar ao redor e qualquer pessoa ficará assombrada com a alta tecnologia que o mundo moderno oferece.

Quando eu era criança, ficava maravilhado ao ver um aeroplano sobrevoando Santa Maria. Hoje, os modernos aviões, dotados de fantásticos equipamentos, disputam os céus com os pássaros. Já estão sendo fabricados aviões para 650 passageiros. Mas os foguetes espaciais são muito mais do que os aviões. Daqui a uns tempos, você poderá fazer férias na lua ou em marte.

Bendita evolução material que propicia altíssimas condições de vida!

Por outro lado, está mais do que provado que a matéria e o dinheiro não fazem ninguém feliz e nem infeliz. Felicidade é outro departamento.

A lâmpada, em si mesma, não é luz, é vidro, matéria. A luz e o calor que se expandem da lâmpada provêm de outra fonte. Se a lâmpada pudesse falar, com certeza iria jurar que a luz e o calor são criação dela. Mas não é verdade, você sabe disso.

Talvez possamos usar essa comparação para dizer que a matéria não contém felicidade, embora muitos pensem que a felicidade provenha do dinheiro, da riqueza.

O problema maior está em que muitos pensam que o dinheiro faz a felicidade, correm atrás dele feitos desesperados, usam e abusam da matéria buscando nela a felicidade e, como se diz por aí, dão com os burros na água, colhendo frustrações e sofrimentos. Então, apressadamente concluem que o dinheiro faz a infelicidade.

Aqui nasce o dilema de muita gente: ser a favor ou contra a riqueza.

As pessoas que dizem que o dinheiro e a riqueza são autores da vida – e essas pensam com a cabeça afundada no primeiro ciclo da evolução – colocam neles a causa dos males. Muitos pregadores estão nessa linha.

Enquanto não se elucidar, com clareza meridiana, esta questão, a polêmica continuará.

Mas, não há necessidade de dilema e nem de polêmica: você é o que for a sua mente e o mundo material está aí para você servir-se dele e não para servi-lo. É você que usa a matéria e não o contrário.

Dinheiro e riqueza são neutros: não fazem ninguém nem feliz e nem infeliz. Não têm vida própria, a exemplo da lâmpada. São o que deles você fizer.

Alcance a evolução mental e use a matéria como quiser.

A mente é o habitáculo de outros tesouros, chamados amor, felicidade, reino dos céus, alegria, paz, bondade, solidariedade, generosidade, simplicidade, positivismo, otimismo.

Esta verdade libertará você, como dizia Jesus.

A casa, o carro, o sítio, a roupa, a loja, o cheque, a conta bancária, nunca vão abraçar você, mas poderão ajudá-lo a abraçar a vida.

36

O SONHO DA EMPRESÁRIA

Dias atrás, estive conversando com uma empresária e ela contou-me que passava por sérias dificuldades financeiras em razão de empréstimos e negócios que não andavam bem.

Não sabia o que fazer na sua aflição e pediu a Jesus solução para seu drama.

À noite, sonhou que Jesus lhe mostrava uma plantinha recém germinando.

– Que será que isto significa? – indagou-me ela.

Vou deixar essa pergunta para você.

Que interpretação daria a este sonho?

Alguém disse que a planta germinando significava que a mulher devia mudar de negócio e dedicar-se à agricultura.

Outra interpretação cogitava de que ela devia ter paciência e fé, pois seu negócio estava apenas germinando, mas, com certeza, se tornaria árvore forte e frondosa.

Se ela continuasse com aflições, pessimismo, desânimo, poderia sufocar a plantinha do seu empreendi-

1

PARA MEDITAR E APLICAR

No outro dia, recebi um e-mail com 45 frases interessantes.

Praticamente todas as mensagens trazem lições úteis para a vida.

Eis algumas:

Fale devagar, mas pense com rapidez.

Não julgue as pessoas pelos parentes.

Nunca ria dos sonhos de outra pessoa.

Quando você perder, não perca a lição.

Em desentendimentos, brigue de forma justa. Não use palavrões.

Não deixe uma pequena disputa ferir uma grande amizade.

Confie em Deus, mas tranque seu carro.

Nunca interrompa quando estiver sendo elo-

mento, que, no momento, estava necessitando de cuidados especiais.

Ali estava também a Lei de que a natureza não faz saltos. Ela devia tratar sua empresa como plantinha recém germinando e não como tronco rijo, capaz de suportar dívidas, exageros, desperdícios e maus tratos.

Os pensamentos negativos e pessimistas são terra agreste. Não raro, os empresários que vão mal nos negócios culpam a concorrência desleal, a recessão, a falta de apoio, as multinacionais, os tempos bicudos, o mau olhado, isto quando não apontam o dedo para si mesmos dizendo-se incapazes, incompetentes, despreparados, azarados.

Infelizmente, não são poucos os empresários que, quando a planta está mirrando, acabam por matá-la de vez, ao invés de dar-lhe água, adubo e condições de autorecuperação.

Quem sabe lá, essa empresária não estaria o tempo todo tomada de preocupações, ansiedade e medos?!

Quantas vezes por dia não estaria ela se lamuriando da triste sorte, prevendo o pior, olhando horrorizada as duplicatas a pagar e a carteira mirrada?!

Cada qual colhe o que semeia na mente – esta é uma Lei universal.

Ao invés de abater a planta, cuide dela com carinho, pois ela está aí cheia de vida, promissora, plena de vitalidade – estaria dizendo Jesus, no sonho.

E por que apareceu Jesus no sonho? Porque Jesus simbolizava fé, poder, verdade. Era isso que a empresária necessitava para continuar cuidando da sua planta a

2

giado.

Lembre-se que o melhor relacionamento é aquele em que o amor de um pelo outro é melhor do que a necessidade de um pelo outro.

Lembre-se que seu caráter é seu destino.

Uma vez por ano vá a algum lugar onde nunca esteve.

Passe mais tempo sozinho.

Dê mais às pessoas do que elas esperam. E faça-o com alegria.

Não acredite em tudo que você ouve, não gaste tudo que você tem e não durma tanto quanto você queira.

Quando você disser "Eu te amo", seja verdadeiro.

Quando você disser "Sinto muito", olhe para a pessoa nos olhos.

Fique noivo pelo menos seis meses antes de casar.

Aprenda as regras e quebre algumas, se possível.

Reze. Há um poder incomensurável nisso.

Quando alguém perguntar algo que você não quer responder, sorria e indague: "Por que você quer saber?"

Lembre-se dos três erres: Respeito por si pró-

perigo.

Mudando do saco para a mala: e o seu empreendimento, como vai? Você está confiante, entusiasmado? Está dando o melhor de si para o sucesso ou quer arrancar leite das pedras? Lembre do sonho da empresária e siga em frente, com a mente positiva, que a vitória sorrirá para você.

37

A PIADA DO INFERNO

Esta anedota eu já a ouvi de dois conferencistas numa semana. O primeiro contou, com riquezas de detalhes e com grande senso de humor; o segundo quase se embaralhou, deixando falhar o gatilho.

Como você deve estar curioso, vou passá-la aqui, mas do meu jeito, com direito a acréscimos e recheios. Tudo numa boa, porque quem conta um conto aumenta um ponto, diz o ditado. Longe de mim contrariar o ditado.

A piada é a seguinte: Morreu um homem e foi para o céu. Era um céu bonito, limpo, tranqüilo, envolto em suave e intangível paz celestial.

Certo dia, o homem ouviu falar do inferno, que ficava lá embaixo, e teve curiosidade de saber o que se passava por aquelas bandas. Por certo, o caldeirão fumegante, cheio de gente até as goelas, seria uma cena dantesca, digna de ir para o Fantástico da Globo.

Pediu licença a Deus e tomou o elevador rumo ao Inferno. Baixou cinco pisos e eis que viu uma terra cheia de poluição, barulhenta, as pessoas se atropelando, a violência campeando solta, assaltos e seqüestros à luz do dia. Não era ainda o Inferno, era São Paulo. Desceu um pouco mais e encontrou guerra, aflição, bombardeios, homens-bomba explodindo, destruições. Ainda não era o Inferno, era Israel e Palestina. Baixou mais alguns pisos e finalmente chegou no Inferno. Uma vibrante banda de rock recepcionava os visitantes, tapete vermelho desde a entrada, bebidas à vontade, mulheres de seios nus, uma loucura! Bem como ele gostava. Foi uma recepção das mil e uma noites. Voltou então ao Céu e pediu a Deus para viver no Inferno, porque lá é que era bom mesmo. Deus permitiu, porém com uma condição: não poderia mais voltar ao céu.

Voltar?! Pra quê?!

Pegou suas malas e bagagens, meteu-se no elevador e se foi para o Inferno dos seus sonhos.

Chegou, abriu-se a porta do elevador e o homem ficou decepcionado: só havia um imenso caldeirão fumegante, onde o meteram de imediato, sem mas nem més.

O homem reclamou:

– Isso é falsidade ideológica, eu quero o Procon, chamem meu advogado para assuntos aleatórios, que fui enganado vergonhosamente. Seu Lúcifer, me diga onde está a banda de rock que me recebeu a outra vez? E as bebidas e as mulheres bonitas?!

Lúcifer ria a bandeiras despregadas, enquanto o diabo gerente explicava:

– Quando você nos visitou, era freguês em potencial, agora você já é nosso cliente efetivo, está no papo, não tem mais conversa, não há mais necessidade de botar glacê e paietês.

Será que precisa acrescentar a "moral da história"?

Na empresa, muitos agem à moda da anedota: fazem de tudo para atrair o cliente; depois, quando ele é fisgado, tratam-no mal, exploram-no, quando não o abandonam à própria sorte.

Hoje em dia, o que mais importa para o sucesso da empresa, além do preço, da qualidade, das condições de pagamento e da beleza da embalagem, é o bom tratamento ao cliente antes, durante e depois de efetuado o negócio.

Para usar uma frase comum na literatura empresarial, é preciso encantar o cliente. Não só na hora de o conquistar, como fizeram no Inferno, mas principalmente depois, a fim de que se torne sempre fiel à empresa. E não esqueça que há um mundo de outras firmas tentando atrair este seu cliente. Não durma no ponto.

A anedota, no entanto, não vale apenas para lojistas e vendedores. Vale para tudo na vida. Lembra-se como conquistou sua mulher e como a encantou durante o namoro, noivado e lua-de-mel? E agora, continua a tratá-la como a mais amada cliente ou já a jogou no caldeirão?

Não se exige mais esforço para tratar cordialmente a esposa ou o marido do que para agir asperamente.

Seja inteligente: cultive amizade e boa vontade para com as pessoas de suas relações. Onde há energia positiva, há saúde e bem-estar.

Não seja como certo tipo de pessoas que só tratam bem os outros na hora de pedir favores. É importante ser amigo antes, durante e depois de qualquer obséquio.

Não esqueça a anedota.

Não abrace para tirar partido, mas para transmitir energia positiva.

38

O QUE É MESMO HONESTIDADE?

Dizia um filósofo: “Todos os seres humanos são essencialmente bons”.

Acrescentava outro filósofo: “Todos os seres humanos nascem bons, mas a sociedade os corrompe definitivamente”.

Ainda um terceiro filósofo, pessimista como ele só, declarava que tudo é terra arrasada: “Todas as pessoas são essencialmente más e assim agirão”.

Com qual dos três enunciados você fica?

Não estou dizendo para escrever as três afirmações em papéis, jogá-los ao ar e admitir a tese do papel que conseguiu apanhar.

Segundo sua filosofia de vida, qual o filósofo que mais se coaduna com seu modo de pensar?

Provavelmente, você começa descartando o filósofo pessimista, que proclama que todas as pessoas são, por natureza, más.

- Quem é que não sabe – sorrirá você – que os seres humanos são filhos de Deus e, portanto, essencialmente bons? Será que é preciso voltar ao começo dos começos para reaver essa verdade?

Infelizmente, é fácil constatar que, na prática, muitos agem baseados exatamente nesses dois preconceitos: "Todo cidadão é desonesto até prova em contrário" e "Todo cidadão é culpado até que prove o contrário".

Quantas vezes você tem recebido intimação e, diante do absurdo da questão, ouve apenas esta irônica resposta: "Se tem razão, se defenda!"

E aqueles que são presos antes do julgamento, mesmo sendo cidadãos comuns, com casa, família, endereço e bons antecedentes?

E se, ao final de tudo, depois de tantos dias de tempo perdido, de tanto dinheiro gasto com advogados, com o prestígio abalado, o questionado ganha a questão, o que acontece? O Governo não paga porque alega que não é com ele: o Juiz diz que é apenas o julgador; o advogado está cumprindo sua função e o questionador não indeniza porque é pobre ou funcionário público.

Será que muitas leis, decretos, medidas e atitudes, não se baseiam no critério de que todo brasileiro é essencialmente desonesto?

Creio que é preciso, antes de tudo, acreditar no ser humano, aceitar sua origem divina, admitir, pelo menos em tese, de que é inspirado por bons sentimentos.

Muita gente critica a Inquisição da Idade Média, por levar pessoas de outras crenças à prisão e até mesmo à fogueira, quando o paradigma do Cristianismo é o amor, mas será que julgamentos ideológicos, ou psicologicamente confusos, não cometem, quinhentos anos depois, a mesma incoerência e até a mesma maldade?

Pior do que a Inquisição é a ideologia de que todo cidadão é desonesto e culpado até prova em contrário.

Graças a Deus, está alvorecendo um novo mundo, que será o hábitat do amor, da verdade, da paz, da justiça, da fraternidade e da solidariedade.

Abram desde já o guichê, que todos queremos adquirir passaporte para esse mundo maravilhoso, sonho de todo ser humano. Sonho que começa a tornar-se realidade, apesar dos pesares.

Não espere, abrace essa vida desde já.

39

EDUCAÇÃO E AFETO PARA OS FILHOS

Dias atrás, recebi, no avião, o jornal Folha de São Paulo e chamou-me a atenção uma pesquisa inédita, feita pela Secretaria da Justiça do Rio de Janeiro, para saber qual é o fator determinante da criminalidade entre os jovens.

Alguns resultados: 81 % dos condenados, de 18 a 24 anos de idade, que ingressam no sistema penitenciário estadual, têm o sustento de sua casa garantido pelo pai, mãe ou ambos.

Outro detalhe: 72 % moram em casa própria (pertencente à família); e 45 % afirmam ter sido criados em condições "adequadas ou muito boas". Apenas 8 % completaram o Segundo Grau.

O motivo mais alegado que levou esses jovens à criminalidade, foi o desejo de consumir.

Somente 21% mencionou necessidades materiais básicas.

Para exemplificar, a polícia do Rio andava à caça

de uma quadrilha de assaltantes, com ações no Rio e em várias cidades do país. Os seis supostos integrantes dessa quadrilha eram jovens da classe média, moradores da zona sul, principalmente Copacabana.

A ideologia tão martelada de que a criminalidade é fruto da miséria e da pobreza, está sendo abalada pelos resultados das pesquisas.

Para mim, fica cada vez mais claro que a droga e a falta de afeto e educação são as causas primordiais da marginalidade.

Pessoas desestruturadas na vida e na família, que vivem por aí sem eira nem beira, encontram nessas tribos ousadas e marginais, terreno fértil para o seu desejo de ser e aparecer.

Seu sonho? – Drogas, adrenalina, ousadia, romper padrões estabelecidos, subir ao pódio através do crime.

Exceção feita aos degenerados, no fundo essa gente quer ganhar dinheiro fácil, gastar sem limites, impressionar as pessoas do seu mundo, descarregar seus traumas, abrir espaços pessoais e chegar ao topo pelos descaminhos.

Mas o descaminho jamais levará ao caminho.

A crise que se abate sobre o mundo, com desaguamento na violência, é, em última análise, crise de amor, de educação, de carinho, de formação, de presença, de acolhida, de afeto.

O ponto crucial está na família, ou melhor, na ausência da família. Não raro, essa ausência é provocada pelos horários de trabalho, que exigem mais tempo fora de casa. Além disso, há também o desejo de ganhar mais para gastar mais e ascender a uma classe mais alta.

E os filhos, como ficam?

No outro dia, li algo que me deixou refletindo: um projeto político visando remunerar o trabalho da mãe de família.

Pensei: O governo investe em escolas, assistentes sociais, presídios, febem, casas de menores abandonados, albergues, patronatos, creches, mas esqueceu a principal solução: admitir a mãe como assistente social da própria família e remunerá-la para que fique em casa dando atendimento permanente à educação dos filhos.

Eis as duas soluções mais importantes para um mundo melhor: educação e afeto.

40

PRIMEIRA CARACTERÍSTICA DO LÍDER

Foi feita uma pesquisa entre 15.000 pessoas com o intuito de saber qual a qualidade mais importante para um líder. Nas respostas, 87% apontaram como característica primeira a honestidade.

Considero corretíssima a avaliação, porque honestidade é ponto de partida. Se não existir partida, não existirá chegada.

Sem honestidade, não há confiança, nem respeito, nem futuro e nem sucesso.

As pessoas começaram a descobrir que o descaminho nunca leva ao caminho.

Se você aprendeu que o espertalhão enriquece, ao passo que os certinhos ficam batendo botas sem nada conseguir, trate de mudar suas concepções, senão vai dar muitas cabeçadas e não vai arrumar nada na vida.

O descaminho não leva ao caminho – repito.

Não se encontrará, no mundo, um desonesto sequer, comprovadamente desonesto, que tenha alcançado resultados positivos de riqueza, sucesso e bem-estar.

Por que afirmo com tanta convicção?

Simplesmente porque o descaminho nunca leva ao caminho, volto a insistir.

Plantando ervas daninhas, jamais você colherá laranjas, já que não é da natureza das ervas daninhas produzirem laranjas.

Tudo no universo de Deus funciona através de Leis, que se autocumprem, mesmo que a pessoa não as conheça e mesmo que as deseje burlar.

A liberdade foi outorgada ao ser humano para que, por própria iniciativa e merecimento, cumpra as Leis universais e realize, pelo caminho certo, todos os ideais da sua vida.

O descaminho não leva ao caminho. É bom não desprezar essa verdade.

A ignorância também não ab-roga as Leis universais. Mesmo que você não saiba que, pondo a mão no fogo se queimará, ao efetuar tal ação, ficará queimado. As Leis não são suspensas aos ignorantes, nem poderão ser fraudadas pelos espertalhões e nem mudarão os resultados devido à boa intenção. Por mais generoso que você for, se permanecer algum tempo debaixo da água, sem proteção, morrerá afogado.

Roubos, violências, seqüestros, ludíbrios, sacanagens, falsificações, deturpações, não produzirão bons frutos, pode ter absoluta certeza.

Mude logo seus conceitos, caso contrário você passará muito trabalho, sem resultado positivo.

Quer chegar ao lugar certo?

Siga pelo caminho certo. Muito simples.

41

SEJA VENCEDOR

Estava lendo uma revista sobre a história das Olimpíadas e seus heróis. Recolhi belas lições. Pessoas que tiveram sérios percalços, acidentes, fracassos e dificuldades, normalmente insanáveis, persistiram, perseguiram tenazmente seu objetivo e chegaram ao ouro.

Outra constatação é que a mente exerce mais resultados positivos nas disputas do que o próprio preparo físico.

Se a força física fosse suficiente, burro de carga estaria cheio de medalhas.

Mente positiva e otimista cria as melhores condições para que o corpo desempenhe seu papel.

Mente incendiada pela fé leva o organismo a se superar.

O corpo espera o comando mental para agir com inteligência.

Walter Germain é autor de diversos livros sobre as potencialidades da mente. Num deles escreveu: "A mente controla toda a matéria do seu corpo e você, tendo controle sobre a mente, tem também controle sobre o corpo. As resultantes disso são óbvias".

A concentração mental e espiritual exerce poderoso domínio sobre a mente subconsciente, que atua sobre o corpo de forma admirável.

Houve experiências com times de basquete que treinaram apenas fisicamente e outros que treinaram também mentalmente imaginando as jogadas bem-sucedidas. Estes tiveram muito melhor desempenho na hora da competição oficial.

Procure sempre usar a cabeça, como se diz na gíria. Não aja, no seu dia-a-dia, apenas por impulso, porque poderá arrepender-se das bobagens que poderão acontecer.

O lema das Olimpíadas é muito significativo: "Mais forte, mais alto, mais rápido".

Para que isto aconteça, a mente fará o discernimento, assestará o alvo e impelirá o ser humano integral ao resultado almejado. Sempre com fé, determinação, persistência e entusiasmo.

Mente pessimista, medrosa e angustiada, age negativamente sobre o corpo, roubando energias e limitando as potencialidades. Não raro anula as melhores intenções.

O corpo obedece ao comando da mente. Resultados benéficos só poderão ocorrer pela mente positiva. Lei de causa e efeito.

Observa-se muito no futebol: jogadores talentosos, experientes, que passam a vida com a bola nos pés, quando tomados pelo nervosismo, pelo pânico, ou abatidos pelo revés momentâneo do jogo, realizam péssimo desempenho. Todo jogador deve se conscientizar de que não há bola perdida, nem jogo perdido e nem campeonato perdido. E deve ainda saber que a mente perturbada só atrapalha. Quanto pior a situação, mais calmo deve estar e quanto mais calmo, mas lúcido estará. E quanto mais lúcido, melhor aproveitará as chances e melhores serão os resultados. É preciso, porém, enfatizar que calma não é sinônimo de vagareza. A tartaruga é vagarosa e nunca vence qualquer corrida.

A calma mental, a tranqüilidade, produz melhor reflexo de inteligência e propicia uma ação correta mais rápida.

Acredite em si, ponha a marca do seu entusiasmo nos projetos e vá em frente, como um campeão olímpico de si mesmo.

Seja um vencedor e vá para o abraço da vida.

42

ESTÁ DESEMPREGADO?

O desemprego é o grande flagelo da humanidade.

Dá pena o sofrimento de pessoas que, de repente, se vêem na rua, sem ter o que levar para o sustento próprio e da família.

Se ganhar pouco é situação difícil, imagine não ter como comprar alimentos e gêneros de primeira necessidade.

Neste momento da vida nacional, abrir empregos é muito mais prioritário do que a otimização salarial.

Diz a sabedoria: "Não se deixe de fazer o bom porque não se pode fazer o ótimo".

A verdade nua e crua é que nenhuma empresa conseguirá manter funcionários se os gastos forem superiores à arrecadação.

Mas, o problema imediato é, para você que está me lendo, o seu desemprego.

Que fazer?

Em primeiro lugar, aproveite o tempo disponível, não para sentar num bar e bebericar, mas para descobrir o que você *gosta de fazer* e tratar de inscrever-se em cursos especializados, muitos dos quais são até mesmo gratuitos.

Se você é um bom datilógrafo, lembre-se que agora deve entrar na era do computador. Você sabe que a caneta foi substituída pela máquina de escrever e esta foi superada pelo computador. Atualize-se. Quanto mais você souber sobre o tipo de atividade que exerce, mais facilmente encontrará colocação no mercado, que sempre tem vaga para pessoas competentes, honestas e produtivas.

Participe de todo tipo de palestras ilustrativas e profissionalizantes, principalmente as gratuitas.

Ao buscar emprego, não vá com cara de desesperado e deprimido, porque ninguém tem interesse em colocar derrotados em seu quadro de funcionários. De mais a mais, emprego não é favor e empresa não é filantropia.

Seja autoconfiante, positivo, bem-disposto e interessadíssimo no trabalho.

Ao invés de fazer maiores exigências salariais, comece a trabalhar por qualquer ponta, porque a sua competência fará o empresário guindá-lo a um posto mais alto, com melhor salário. E você estará na vitrine, para outros convites. Quem não é visto, não é lembrado, diz a sabedoria.

Por fim, mentalize e ore a Deus para que a Sabedoria Infinita o conduza ao seu trabalho certo.

Tenha fé, que a fé remove montanhas.

Abrace a vida com entusiasmo e ela realizará seus sonhos.

43

Ser criança é o maior barato

Por que será que o Mestre disse que ser feliz é ser como a criança?

Na sua sabedoria e psicologia, falou Jesus: "Se não vos tornardes como as crianças, não entrareis no reino dos céus".

O que tem a ensinar uma criança a nós, doutos e empolados adultos?

Antes de tudo, a *alegria*. A criança é paradigma da alegria. Seu rosto é irradiação. Um belo exemplo contra essa depressão enrustida que atormenta tanta gente. Onde está a criança, há festa, há amor, há carinho, há energia boa, há céu azul, há riacho borbulhante.

Criança é o dia de hoje, é o *agora*, o resto não conta. Exatamente como ensinou o Mestre: "Não vos preocupeis com o dia de amanhã. Basta a cada dia a sua lida".

O grande mal do ser humano é pretender carregar os males do passado e as preocupações do futuro, duas cargas inúteis e prejudiciais.

Criança, a que não foi domada nem perturbada pelo adulto, é sinônimo de *felicidade*. É expansão da vida plena. Não carrega mágoas, nem ódios, tudo esquece num instante e *ama* todas as pessoas, *confiando* nelas.

Quando as crianças brigam, é impressionante ver que logo em seguida estejam brincando juntas, sem a mínima lembrança do episódio passado.

Não é bem isso que acontece com o adulto: muitas vezes o coração queima ressentimentos e rancores durante longo tempo, minando a saúde, as forças e as amizades.

Tanto você quanto eu sabemos perfeitamente que a causa das mágoas já é passado, que passado não existe, que a pessoa que magoou é outra pessoa, pois a gente muda a cada dia; no entanto, numa eterna simploriedade, muitos continuam se consumindo em depressões desnecessárias.

Uma qualidade admirável da criança, que faz inveja ao adulto, é a *simplicidade*. Criança é um ser simples, unívoco, claro, direto, fácil, *verdadeiro*.

Já nós, os adultos, ah meu Deus! Tem gente que fala uma hora inteira e você não sabe o que quer. É um enrolar sem fim. Parece que seguem aquele velho lema: "Se dá para complicar, por que fazer simples? "

E aqueles que passam o tempo todo atirando verde para colher maduro? Dizem uma coisa, entendem outra e querem saber o contrário.

Mas não há de ser nada: um dia a gente aprende das crianças a verdadeira vida de adulto.

Enquanto isso, vamos descomplicar, vamos buscar a amizade na simplicidade, vamos viver a alegria de cada dia, vamos, enfim, abraçar a vida.

44

É O QUE VOCÊ PENSA

Foi feita uma pesquisa com um grupo de pessoas. Colocaram um copo com água pela metade e perguntaram o que as pessoas estavam vendo. Alguns responderam que viam um *copo meio vazio* e outros disseram que estavam diante de um *copo meio cheio*.

Os anos de sua vida estão aí diante de você. Como você os analisa?

Foram bons para você?

Trouxeram-lhe proveito?

Considera-os produtivos?

Houve problemas?

Foram anos leves ou pesados?

No inventário da sua vida, há uma soma enorme de tristezas e de alegrias; de sucessos e de fracassos; de desaparecimento de pessoas queridas e de surgimento de novos seres adorados; de compras feitas e de dinheiro gasto; de patrimônio acumulado e de dívidas remanescentes; de felicidades e de sofrimentos; de realizações e de frustrações; de noites bem-dormidas e de noites maldormidas; de dias de enfermidade e de dias saudáveis; de passeios, turismo, piqueniques e de dias sacrificados; de trabalho e de lazer; de parcas refeições e de lautos banquetes; de encontros amorosos inesquecíveis e de desavenças dolorosas; de reconhecimentos e de incompreensões; de afetos e de desatenções; de elogios e de críticas; de aumento de conhecimentos e de aumento de ignorância; de vitórias e de derrotas.

Examine com calma sua vida para não cometer injustiça contra ela.

Faça de conta que sua vida até o dia de hoje é uma pessoa: seria falta de bom senso dizer que ela não prestou só porque lhe deu três minutos de ofensas na cara, ou porque lhe deu um prejuízo de dois mil reais, sendo que aumentou em cinqüenta mil seu patrimônio

Einstein disse, certa vez, numa entrevista à imprensa:

"Quando você está namorando uma garota bonita, uma hora parece um segundo. Quando você está sentado em brasas, um segundo parece uma hora. Isso é relatividade".

Se você tende a ver os acontecimentos da sua vida com óculos escuros, é porque sentou em brasas e esse fato lhe parece uma eternidade, quando, de fato, as coisas boas e alegres e felizes foram imensa maioria.

Seja positivo. Ponha óculos cor-de-rosa. O preço dos óculos é o mesmo, mas a vida é vista de uma perspectiva agradável.

Se refletir com sabedoria, perceberá que você e os

acontecimentos são o que você pensou a respeito deles.

O negativo só vê o lado escuro. Isso é estressante.

O positivo vê o lado claro e isto é saudável e faz bem.

Não é necessário fazer ginástica mental para reconhecer que sua vida tem sido muito melhor do que pior.

Seja justo consigo mesmo.

Além do mais, se você usar a clarividência que Deus lhe deu, perceberá que todos os fatos da sua vida, sejam quais forem, contiveram mensagens altamente benfazejas, que traçaram novos rumos vitoriosos, ao longo do tempo.

Abençoe a vida e ela abençoará você.

45

TENHA BOM HUMOR

Alguém, cujo nome não consegui identificar, escreveu:

"O bom humor é essencial, é o que nos salva. No minuto em que surge, toda nossa irritação e ressentimento somem, cedendo lugar a um espírito radiante".

Essa afirmação dá o que pensar, porque são poucos os que têm o hábito de cultivar o bom humor. Parece uma qualidade sem importância. No entanto, o autor da frase diz que é *essencial*. Se é essencial, deve ter prioridade máxima. É de urgência urgentíssima.

Afirma ainda o autor que o bom humor é o que nos salva. Sem dúvida, a descontração alegre relaxa os músculos, dilata as artérias, previne problemas cardíacos, atenua o estresse e é vacina contra a depressão.

Como efeito imediato, apaga a irritação e o ressentimento, atitudes que descompensam o organismo e afastam as pessoas.

O bom humor traz bem-estar. Também, eleva o espírito, tornando a vida mais leve.

Como escreveu Myrl V. Murray: "É impossível rir

e se preocupar ao mesmo tempo".

Quando você está numa situação pesada, procure motivos para criar bom humor.

Socialmente, o bom humor aproxima as pessoas.

Todos gostam de conviver com gente bem-humorada.

Em casa, ao invés de manter ambiente carregado, pratique o bom humor. A esposa, o marido, os filhos, todos se sentirão bem numa casa em que o ar está impregnado de energia positiva.

Tem gente que faz de tudo para estragar a alegria da família.

Não seja desmancha-prazeres.

Sua irritação, suas críticas mordazes, suas atitudes ofensivas, voltam-se contra você em forma de enfermidades e inimizades.

Vale a pena todo esforço no sentido de desanuviar o rosto e espraiar sorrisos, mesmo que não esteja satisfeito com alguma coisa.

Acredite que seu sorriso vale mais do que cara feia. Diz o ditado que cara feia não mata ninguém.

A melhor contribuição que você pode dar à família é cultivar o bom humor.

Durante as refeições, não desande em cobranças, repreensões e assuntos pesados. Também não é momento para falar de crimes, sangue, coisas macabras e perda de emprego.

Duas razões fortes para manter astral alegre durante as refeições: em primeiro lugar, para que a comida faça bem; em segundo lugar, porque a mesa é o lugar sagrado da confraternização.

Seja bem-humorado e sua saúde agradecerá.

Seja bem-humorado e todos adorarão sua convivência.

Seja bem-humorado e a vida abraçará você.

46

QUEM SEMEIA VENTOS

Era uma quarta-feira de vento norte.

Dizia-me uma senhora:

– Se há uma coisa que mexe comigo é o vento norte.

Fiquei meditando nessas palavras e eis que me veio à mente um ditado muito conhecido, que não tem nada a ver com vento norte. Entrou de supetão no canal dos meus pensamentos e quero compartilhá-lo com você.

Trata-se da velha sabedoria: "Quem semeia ventos, colhe tempestades".

A análise deste axioma ajuda muito a melhorar a convivência das pessoas.

Se você semeia os maus ventos das críticas acerbas, das falsidades, das mentiras, das ofensas, colherá, com certeza, tempestades que destruirão seus caminhos. Sim, porque a Lei do Retorno diz que o mal jogado contra os outros, retorna multiplicado.

O Mestre foi muito claro quando ensinou: "Não faças aos outros o que não queres que os outros façam a ti".

Muita gente pensa que se trata apenas de um conselho evangélico, mais para o consumo dos espiritualizados e abnegados.

Algumas pessoas, cujo mau caráter anda à mostra na flor da pele, julgam que essas conversas são mais para os que vivem de bíblia na mão.

A Lei de que você colhe o que semeia é Lei Universal e sempre se autocumpre, quer você acredite ou não, aceite ou não, vilipendie ou não.

Quem semeia ventos, colhe tempestades.

O apóstolo Paulo escreveu: "Aquilo que o homem semear, isto também colherá".

Sei que você, pelo menos nas horas em que se vê acometido por uma benfazeja onda de boa vontade, tem em mente que é maravilhoso semear bons ventos no coração das pessoas.

Se assim o fizer, com certeza colherá a brisa amena e refrescante da paz e da amizade.

Quem semeia guerras, colhe destruição.

Quem semeia alegria, colhe saúde e bem-estar.

Quem semeia amor, colhe carinho e bem-querer.

Talvez você ache difícil semear sorrisos, boas mensagens, compreensão, elogios, boa vontade, camaradagem, mas já reparou que o esforço é o mesmo que fazer o contrário?

Tome por hábito ver o lado bom das pessoas e descobrirá que são muito melhores do que você imaginava.

Elogie. Mas com sinceridade.

Que seu elogio corresponda ao seu pensar, porque elogios falsos são devastadores.

Há muito que elogiar em cada pessoa. Comece por aqueles que convivem com você. Não exagere, que fica mal. Mas há momentos ótimos para você semear bons ventos.

Quando elogiar, não faça elogio genérico, pois não dizem nada ou muito pouco. Por exemplo, que valor real tem dizer que alguém é o melhor homem do mundo? A não ser como brincadeira, é claro.

Faça elogios específicos, por exemplo: "Este peixe grelhado, que você preparou neste almoço, estava ótimo" – "Seu penteado hoje está irresistível" – " Gostei demais do artigo que você publicou ontem", assim por diante.

A mim agora só me resta elogiar o vento norte de quarta-feira, que me propiciou esta conversa com você.

Que bons ventos o tragam! E o levem para o abraço da vida!

47

QUEIME O ARQUIVO ESTA NOITE

Entrei naquele escritório e estavam fazendo uma limpa nos velhos arquivos. Queima total. Não sobraram nem as velhas baratas, inquilinas desde várias gerações.

Casualmente, quando entrei na outra casa, realizavam faxina geral e o fogão ardia a todo vapor, queimando as velharias do passado.

Saí para o quintal e, outra coincidência, montões de galhos secos, papéis velhos, plásticos sujos, restos de qualquer coisa, sumiam na fogueira de São João.

Achei até que se podia chamar o Dia da Queima, tanto era o afã de se libertarem de coisas inúteis.

Muita bugiganga só serve para ocupar espaços.

Conheci um sujeito que não se livrava nem de calendário velho. Dizia ele que o mundo podia dar marcha à ré e, então, o calendário poderia ser reutilizado. " Nunca se sabe" – sorria ele.

Isso não é nada. Pior é a situação daqueles que não queimam os arquivos inúteis da própria alma. Adormecem carregando os fatos negativos da vida e amanhecem enfiando-os novamente na memória. Ao cabo de alguns anos, a vida se torna mais lixo que tudo o mais. Um desperdício de espaço altamente danoso. Com risco iminente de pegar fogo e explodir.

Sabia que carregar os embrulhos da vida cansa? Ah, se cansa! Aí estão os deprimidos, caídos sob o peso de si mesmos, que não me deixam mentir.

O deprimido é indivíduo que está sucumbindo ao fardo de um passado não descartado. Por isso, vive exausto, sem estímulo, mais parado que água de poço.

O lado bom do deprimido é que ele espera por dias melhores. Talvez não dê um passo à frente, mas espera que as coisas mudem. Bom, já é um começo.

Uma coisa, no entanto, é necessária: descarregar os bagulhos. Como pode alguém sentir-se aliviado da carga se não a desmonta?

A vida ensina claramente como se deve fazer. Indiscutivelmente, ao adormecer, você apagou, a vida apagou, o mundo apagou, tudo apagou. Essa é a verdade. A cada noite, dá-se a queima de arquivo.

O sono é a participação de Deus para ajudá-lo a desfazer-se das desgraças, sofrimentos, complexos de culpa, ressentimentos, ódios, depressão e tudo o mais que supura nos porões da alma.

Sobra a grande chance de iniciar a vida do zero, ao amanhecer. Basta que, ao acordar, você comece a vida novamente do nada, assim como se acordasse da morte. Aliás, não é isso mesmo que acontece?

Quando você abre os olhos, pela manhã, cometeu o milagre da ressurreição. Cabe-lhe agora escolher a vida que quer para esse dia, não mais do que para esse dia, porque à noite você morrerá novamente. E ressurgirá no dia seguinte.

Já que você pode escolher como será o seu dia, seja inteligente, escolha o melhor.

Diga aquela velha frase que já ouviu por aí: "Hoje é o primeiro dia do resto da minha vida".

Então, você tem prazo, no máximo até amanhã cedo, para começar a ser o que deseja ser daqui por diante.

Amanhã cedo, ao acordar, abrace a vida e a vida abraçará você e ambos viverão felizes para sempre, como nos contos de fada.

48

ONDE TUDO COMEÇA E TERMINA

Você pensa. Seu pensamento carrega no bojo o conteúdo que lhe é próprio. O conteúdo gera sentimento a respeito. Sentimento expressa emoção. A emoção sensibiliza o corpo e este reage de acordo, harmonizando ou desarmonizando, produzindo saúde ou doença. O resultado dessa cadeia fantástica determina a sua vida.

Você pensa. Mas, pensa o quê? Por quê? Quando? Para quê? Como?

Antes de tudo, a primeira constatação: você está sempre pensando. Ou pensa ou é pensado.

O conteúdo do pensamento pode ser alguma memória do passado, surgida na mente ou provocada.

Esta lembrança pode ser descartada de imediato, por inoportuna, ou negativa, ou desinteressante, ou aborrecida, ou deprimente, ou angustiante, ou superada, ou desatualizada, como pode ser reavivada, estimulada, metabolizada, assumida, vivenciada.

O conteúdo do pensamento pode se referir a algo futuro, gerando bons prenúncios, ideais, projetos, sonhos, expectativas, alegria, fé, esperança, otimismo; e pode, por outro lado, suscitar medos, ansiedade, covardia, desânimo, pessimismo, desistência, tensões, estresse, depressão.

O conteúdo pode, ainda, ter a ver com o presente, seja em confronto com o passado e o futuro, seja como resultado de situações do momento, seja como reflexão, interpretação de fatos, ou reação a situações que estão ocorrendo. Mais: você pode ser sua própria fonte criadora de pensamentos, como pode receber de terceiros, livros, filmes, televisão, rádio, escola, cantos, cartazes, folhetos, músicas, assim por diante.

Na verdade, você é um mar de pensamentos, que gerarão sentimentos prazerosos ou dolorosos, alegres ou tristes, felizes ou infelizes, de sucesso ou fracasso, agradáveis ou desagradáveis, benéficos ou prejudiciais, positivos ou negativos, animadores ou desalentadores, saudáveis ou doentios, libertadores ou aprisionadores, otimistas ou pessimistas.

É essencial saber que, em última análise, sua mente é tanto fábrica quanto receptáculo de pensamentos e sentimentos. Todos passarão necessariamente pelo crivo da mente. Serão aceitos ou não.

Farão parte do seu ser e de sua vida apenas os que forem assumidos por você.

Você é o agricultor que tem em mãos toda essa sementeira.

Se plantar tristezas, baixa-estima, sofrimentos, renúncia, pessimismo, isso colherá.

Se semear alegria, felicidade, prazer, sucesso, otimismo, amor, essa será sua colheita.

A escolha é sua. A determinação é sua. Não há fatalismo.

Sua vida será o que forem seus pensamentos vivenciados.

Você pode ser invadido por pensamentos indesejados, mas a aceitação depende exclusivamente de você.

Seus olhos podem receber imagens e realidades, seus ouvidos podem recolher palavras, ruídos ou sons significativos, mas quem decide a interpretação é sua mente.

Em última análise, tudo passa pela peneira da mente e tudo se faz na sua vida através do despacho da mente.

Aqui surge uma pergunta: qual o critério que deve ter a mente para aceitar ou rejeitar um pensamento?

O critério único é a felicidade e a evolução positiva.

Felicidade ocorre quando o pensamento é prazeroso, positivo e benéfico para a própria pessoa e está em harmonia com a humanidade, o universo e Deus.

Evolução positiva é resultado de pensamento que visa a melhoria e o progresso, no mais completo sentido do termo.

Fora disso, não há salvação, como se dizia antigamente.

Este é o único caminho. Claro. Evidente. Simples. Fácil. Naturalmente desejado por todos os seres humanos.E você não é exceção.

Felicidade e evolução positiva conduzem você ao abraço da vida.

1

COISAS DE FANATISMO

Fanático é o homem de uma só idéia e que não consegue mudar de assunto.

Fanático é quem acredita que só existe o Deus dele.

Fanático é quem não pára na sinaleira porque tem raiva do vermelho.

Fanático é quem não come pão porque seu oponente tem padaria.

Fanático é o que não dá a mão ao adversário com medo de poluir a cabeça.

Fanático é aquele que admite que dois e dois são quatro, mas isso o irrita demais.

Fanático é o que sustenta que diante de seus argumentos não valem os fatos.

Fanático é quem não usa relógio porque condena a numerologia.

Fanático é o que rejeita óculos porque Jesus Cristo nunca usou.

49

O NOSSO FUNDAMENTALISMO

Fundamentalistas são aqueles que empunham uma idéia, uma crença, uma ideologia, uma religião e fazem a vida em função dessa bandeira. Não arredam um centímetro. Quando muito, espraiam um sorriso benévolo como quem diz: "Não vem que não tem".

O fundamentalismo é casado com o absolutismo.

Fundamentalista é o tipo que usa só um neurônio. Fora dele, não há salvação.

Se o fundamentalista disser a você que baleia bota ovo, não queira discutir, porque a baleia dele não vai mudar.

O fundamentalista, por exemplo, interpreta a bíblia literalmente. Se está escrito, não se discute. Mudou uma vírgula, é herege. Só não sei como ele consegue conviver com essa afirmação do apóstolo Paulo: "Quem não trabalhar, não deve comer".(Ts,11,3-10). Deve ter muito fundamentalista morrendo de fome. E essa de Paulo aos coríntios: "As mulheres devem permanecer caladas em todas as reuniões públicas". Nem um apartezinho? Nem

2

Fanático é o que divide a humanidade em duas classes: os a favor da sua crença e os contra.

Fanático é o que aceita todas as religiões, desde que sejam iguais à sua.

Fanático é o que concorda que o outro tem razão, mas sua crença o impede de mudar.

Fanático é o que não come ovo porque a galinha pertenceu a um herege.

Fanático é o que não suporta opiniões contrárias.

Fanático é o que não teme praticar atrocidades em nome da sua verdade.

Fanático é o que confunde verdade com ideologia.

Fanático é o que combate os diferentes.

Fanático é o que respeita só uma verdade: a dele.

Fanático é o que prega que todas as outras crenças são perniciosas e devem ser destruídas.

Fanático é o que só considera irmãos os que rezam pela mesma cartilha.

Fanático é o que prega que fora do seu reduto não há salvação.

Fanático é o que jamais admite a possibilidade de estar equivocado.

para falar de moda? Nadinha mesmo? Pobre das mulheres, morrerão vítimas do silêncio! Será que, nas reuniões fundamentalistas, as mulheres não têm vez?

A bíblia, no livro do Êxodo, dá um porretaço daqueles: "Guardareis o sábado. Aquele que fizer alguma obra, morrerá. Será eliminado do meio do povo".(31,14). Coitados dos policiais, dos vigilantes, dos funcionários de restaurantes, zoológicos e parques públicos! O que mais me dói é que os jogadores do meu time de futebol também irão pras cucuias. Quanto ao time adversário, tudo bem, mas o meu time ser eliminado da face da terra por jogar no sábado?! E como é que farei para viajar de avião aos sábados? De repente, a ira divina liquida com o comandante e os co-pilotos e lá fico eu sofrendo a lei da gravidade direto para o chão?!

Tem mais uma determinação do apóstolo Paulo, na sua carta aos coríntios, que me deixa de cabelo em pé: "Não vos ensina a natureza ser desonroso para o homem ter cabelo comprido?" (11,14).

Meu amigo, acho bom, por via das dúvidas, que você marque hora com o cabeleireiro urgentemente. O fundamentalista que enxergar você na rua, com cabelo comprido, poderá chamá-lo de desonrado. Já pensou no problema psicológico que lhe criará?

Mas, isso não é nada. Pior será quando sua crença determinar que você deve amarrar uma bomba no pescoço e lançar-se com bomba e tudo contra o estádio do Internacional, só porque o vermelho não é citado nem por Jesus, nem por Buda e nem por Maomé.

3

Fanático é quem se coloca acima dos outros.

Fanático é o que não consegue acrescentar uma vírgula ao seu modo de pensar.

Fanático é quem mata em nome de Deus e sente-se santificado após o crime.

Fanático é quem confunde fanatismo com fé.

Fanático é quem sabe que está errado mas se escuda na crença de que os resultados são benéficos.

Fanático é quem é cego, surdo e mudo para qualquer inovação.

Fanático é aquele que só faz funcionar um neurônio do cérebro.

Fanático é quem só ouve um sino.

Fanático é quem diz que os espinhos ferem, mas senta em cima por mandato divino.

Concluo aqui para não me chamarem de fanático contra o fanatismo.

Abraçar a vida é sentir-se livre.

E se a sagrada religião do seu Santo Sindicato mandar você enfiar uma bomba no bolso vazio e explodir-se diante do Ministério do Trabalho, em repúdio ao tamanho herético do salário mínimo?

Pois é, o melhor de tudo é usar essa linda cabecinha que Deus lhe deu e invocar o Espírito Santo para que lhe passe uma dose extra de discernimento. Antes da próxima guerra santa.

Com certeza, o Dalai Lama tinha certa dose de razão, quando escreveu: " Conheça a regras e quebre algumas, se possível".

As leis são para o homem e não o contrário – ensinava o Mestre.

Abrace a vida e não a letra fria.

50

O FUNDO DO POÇO

A vida é uma desgraça necessária – diz você, com essa cara desanimada.

Assim como você, uma grande parte da humanidade passa, dia após dia, ruminando o mesmo sentimento.

Não há perspectiva positiva, não há expectativa de coisa nenhuma, não há crença sobre qualquer coisa que valha a pena, enfim não há luz nenhuma no túnel de muita gente.

Isto acontece com muita freqüência. São pessoas que não acreditam em nada, não participam de nada, não buscam estímulo para nada. Se forem convidadas para uma conferência sobre as transmutações da humanidade, ridicularizam; se ouvem falar das dimensões maravilhosas do mundo interior, acham que é conversa fiada; se alguém sugere um passeio, uma excursão, um esporte, uma brincadeira, respondem que a vida está mais para espinho do que para rosa.

Sei de pessoas que vivem num mundo obscuro, cinzento, triste.

Vida sem sentido, sem alegria, sem visão otimista e sem objetivo empolgante, leva à depressão e esta conduz diretamente ao fundo do poço. Mas o fundo do poço é lugar escuro, apertado, sem opções, solitário, vazio, insuportável, sem esperança, abandonado. Decididamente, não é o seu lugar.

Milhões ou bilhões de indivíduos estão nesta situação. Muitos tentam salvar-se através de comprimidos.

Ao invés de fazer parte dessa geração movida a estimulantes, pare um pouco e analise sua vida. Descubra que você está assim porque a cabeça anda pesada, cheia de amargor, desilusão e escuridão.

O nada só pode produzir o nada.

O nada, com comprimidos, não elimina o nada.

Anime-se, que para tudo há solução.

Você é a solução.

Saia do poço, caso contrário só enxergará escuridão. Grite por socorro, peça uma escada, invoque a Divindade, faça alguma coisa, porque, se você nada faz, nada mudará.

Comece a abrir os olhos e a mente para as coisas boas que acontecem ao seu redor.

Decida-se a ler alguma coisa que ajude a levantar o astral e a auto-estima.

Determine-se, com a coragem dos desbravadores, a participar de palestras, cursos, conferências e reuniões que visam mostrar novas e alegres perspectivas de vida.

Ponha crenças benéficas no coração, como a fé e o amor em Deus, entre numa igreja, reze, cante, vibre com as pessoas, desate o nó da garganta, mesmo que nunca tenha feito isso e mesmo que não sinta vontade. A energia espiritual é uma força fantástica, você verá. O alto-astral contagia.

Desde o amanhecer, coloque idéias alegres e metas motivadoras na cabeça. Comece o dia festejando-o como milagre da vida.

Você notará que, mudando a mente, muda-se a vida. É simples assim.

Abrace a vida e não o fundo do poço.

51

O CALCANHAR-DE-AQUILES

A expressão calcanhar-de-aquiles significa o ponto fraco, vulnerável, de uma pessoa.

Conta uma lenda grega que Tétis, mãe de Aquiles, segurou o filho pelo calcanhar e mergulhou-o no rio Styx, para torná-lo invulnerável. A água cobriu-lhe o corpo todo, menos o calcanhar que, por isso, permaneceu fragilizado. Segundo narra Homero, Aquiles tornou-se grande guerreiro e, numa das batalhas de Tróia, matou Heitor, o grande inimigo. Não conseguiu, porém, tomar a cidade de Tróia, porque Páris atingiu-o no calcanhar e causou-lhe a morte.

Qual é o seu calcanhar-de-aquiles?

Como ninguém é perfeito, cada um tem seu ponto fraco. Pode ser um hábito trazido da infância, um vício, um desvio de caráter, uma tendência compulsiva, uma programação mental desagradável, uma crença negativa, uma fixação, um medo, um trauma, uma mania, uma atitude incontrolável.

Aí pode estar seu calcanhar-de-aquiles.

Há pessoas que são duras, insensíveis e sofrem muito por causa desse calcanhar-de-aquiles.

Outras são teimosas que nem mula empacadora.

Você conhece gente que come o pão que o diabo amassou, mas prefere gritar: "Não me dê conselhos, sei errar sozinho". Esses aprenderão quebrando a cara. Muitos adolescentes pertencem a esse grupo. Graças a Deus, nunca é tarde demais para criar juízo.

É bom ressaltar que, assim como existe o calcanhar-de-aquiles, não se pode desconhecer que existe a água poderosa do rio Styx.

O pensamento positivo é a água do Styx.

Se você mergulhar nas águas dos pensamentos positivos, tornar-se-á superior aos sofrimentos, fracassos, depressão e atribulações.

Seja qual for o seu calcanhar-de-aquiles, mergulhe-o nas águas positivas e será eliminado o problema.

Seus pensamentos são a sua vida.

Para onde você dirigir seus pensamentos, para lá conduzirá seu destino.

O segredo é mergulhar a mente nas águas benfazejas do rio positivo. Ponha também o calcanhar-de-aquiles nessas águas. É simples assim.

James Allen, escritor e pensador da mente positiva, escreveu: "Tudo quanto o homem consegue e tudo quanto deixa de conseguir é o resultado direto de seus próprios pensamentos e crenças".

Pare de pensar apenas no seu calcanhar-de-aquiles. Concentre-se principalmente no rio Styx da mente positiva, que molhará também o calcanhar das fraquezas e lhe dará a força necessária para começar uma nova vida vitoriosa daqui por diante.

Pensar é poder.

Pode quem pensa que pode.

Abrace a vida, com fé e alegria, e até o calcanhar-de-aquiles tornar-se-á forte e positivo.

52

JUVENTUDE NÃO TEM IDADE

O netinho perguntou ao avô:

– Vovô, o senhor é jovem ou é velho?

– Meu netinho, eu sou jovem há muito tempo! – respondeu o avô.

Com esta resposta, o avô garantiu que é jovem desde os 18 anos. Ele estava certo, porque juventude não é uma idade e nem uma fase da vida. Juventude é estado de ser, modo de vida.

Ser jovem significa vitalidade, energia positiva e otimismo.

Ser jovem significa bandeira desfraldada no topo do coração.

Ser jovem é acreditar num mundo melhor, aconteça o que acontecer.

Ser jovem é esperar, mesmo contra toda esperança. Eis porque a salvação do mundo vem daqueles que mantêm acesa a chama da juventude.

O jovem, não o jovem apenas de calendário, mas o jovem de espírito, concorda com Arquimedes que disse:

"Dai-me um ponto de apoio e levantarei o mundo". A lei da alavanca, de Arquimedes, aqui significa a lei da fé e do entusiasmo.

U.S. Andersen, autor de diversos livros, escreveu: "A juventude é uma condição primária do espírito eterno e nenhum de nós envelhece a menos que faça seu espírito inibir-se, impondo-lhe os males, as feridas e as derrotas do ego. Nos profundos recantos do seu ser, sussurra a voz do seu Eu Maior: Eu sou, eu sempre fui, eu sempre serei".

A juventude, como disse Andersen, tem a sua fonte vital no espírito e este é a vida do ser humano. Como o espírito jamais envelhece, a criatura humana, cuja mente e corpo formam fusão unívoca e harmoniosa com o espírito, encontra aí a fórmula milagrosa da eterna juventude.

A bíblia, com sua sabedoria milenar, ensina: "Na velhice darão ainda frutos, serão ainda cheios de seiva e de verdor".

Seiva, verdor e fruto são apanágios da vitalidade exuberante; e vitalidade exuberante significa juventude.

Você, que se julga muito velho e que mantém a falsa crença de que setenta, oitenta ou noventa anos é tempo de desviver e de imprestabilidade, faça renascer a juventude perdida nos labirintos das frustrações e siga em frente, de fronte erguida, sorriso nos lábios e entusiasmo no coração.

Qualquer momento é tempo de reencontro com a própria juventude. Esta é a sua hora.

Mergulhe nos profundos recantos do seu ser – como escreveu Andersen – e se deslumbrará com a Luz interior. Toque essa Luz e surgirão energias inimagináveis, que farão você voltar no tempo e no espaço.

Olhe-se no espelho e decida que é jovem.

Sua palavra de fé, de entusiasmo e de alegria realizarão o milagre da idade.

E o amor será o elixir da revitalização.

Olhe ao seu redor e verá que tudo é primavera. Flores multicoloridas enfeitam os jardins, as praças, os campos, as matas e os caminhos.

As flores também amam, sabia? O perfume é o amor que se irradia e se entrega, sem nada exigir, enchendo de prazer a todos os que se aproximam com olhares carinhosos.

O verdor da natureza é o elã que fará explodirem energias dormidas nas profundezas do coração.

Entre nesta festa da vida e então poderá dizer ao seu netinho que você é jovem desde os dezoito anos.

Ser jovem, em última análise, é viver de braços dados com a vida.

53

A LIÇÃO DAS TORRES GÊMEAS DE NOVA IORQUE

Oito horas da manhã de terça-feira. Dia 11 de setembro de 2001. Dia do cão. Setembro negro.

Milhares de pessoas saíram de casa com um beijo na esposa ou no marido, já pensando no feliz retorno, ao final da jornada do dia. Outras tantas pessoas esqueceram o beijo ou negaram-se a ele. E nunca mais voltaram.

Inúmeros pais deixaram os filhos, nesse dia, após dar o abraço do carinho. Era o derradeiro.

Milhares de crianças esperaram, em vão, o abraço dos pais no fim do dia.

Quantos namorados ligaram para o companheiro, dizendo "eu te amo, à noite te ligarei novamente", ligação que ficará entalada para sempre no visor do celular?!

Incontáveis pessoas correram para o trabalho, no amanhecer dessa terça-feira fatídica, tentando minorar os problemas financeiros e nunca mais serão encontradas, nem vivas e nem mortas.

Fragilidade da vida.

Muitos vivem como se tivessem passaporte para permanecer eternamente nesse planeta.

Não são poucos os que deixam as soluções para o dia seguinte, sem perceberem que o dia seguinte pode nunca acontecer.

A tragédia que se abateu repentinamente, inesperadamente, sobre as duas torres gêmeas de Nova Iorque, rompendo drasticamente a vida de milhares de pessoas, encerra a lição de que o fim do dia pode jamais ocorrer para você também.

Se você fosse colhido hoje, neste momento, haveria algum arrependimento de algo que deveria ter feito e não fez?

Conheço muita gente que vive como se tivesse ainda mil anos pela frente. Deixam sempre para depois um gesto de carinho, um agradecimento, uma palavra positiva, uma atitude bondosa. Esse depois poderá jamais despontar.

E, se estivessem nas torres gêmeas de Nova Iorque aqueles que se atropelam, se estressam e se arrebentam noite e dia para somar pertences materiais, com o belo e inteligente intuito de usufruir os ganhos mais tarde, nos anos de aposentadoria?

E se você estivesse nos aviões explodidos?!

Lembro uma frase que diz assim: "Há duas coisas inevitáveis: o nascimento e a morte. O que importa é desfrutar o intervalo".

Desfrutar o intervalo é viver o dia de hoje plenamente, feliz, despreocupado, alegre, em paz.

Usufruir e curtir o hoje é a coisa mais inteligente que alguém pode fazer, porque o ontem e o amanhã não existem.

Que tal você aproveitar esse dia para cumprimentar as pessoas, esquecer os males passados, compartilhar sorrisos, colher amizades, semear tolerância e boa vontade?

O dia de hoje lhe dá o privilégio de desfrutá-lo. Abrace-o

Então, seja feliz.

54

Uma palavra esquecida

Há uma palavra que só é pronunciada por pessoas especiais.

Nunca a encontrei na boca de homens e mulheres de péssimo caráter.

Nunca ouvi essa palavra desabrochar nos lábios de adolescentes de mal com a vida.

Todo bandido foge dela como diabo da água benta.

Empregados, patrões e profissionais sem honestidade, a ridicularizam.

Esta palavra, no entanto, é lei básica para uma vida abençoada e bem-sucedida em qualquer lugar onde existam duas pessoas ou mais, seja na família, na escola, na empresa, no clube, no grupo, na parceria.

Anote: esta palavra, tão grande quanto o oceano da alma, chama-se *gratidão*.

Antes que você se decepcione, cito Melody Beattie:

"A gratidão revela a plenitude da vida. Ela pode transformar uma refeição em banquete, uma casa em lar, um desconhecido em amigo".

Uma refeição é apenas uma refeição, ato biológico, necessidade orgânica, reposição de sais minerais, vitaminas, proteínas e outras inas.

Mas um banquete é convívio, alegria, partilha, amizade, amorosidade, bondade, generosidade, prazer, cumplicidade, descontração, alto-astral.

Banquete vai além da refeição, ganha as dimensões do espírito. Não foi por nada e nem por acaso que Jesus realizou o primeiro e o último milagre num banquete.

Uma casa é acervo de material de construção ordenadamente montado. Casa é paredes, aberturas, pisos, eletricidade, encanamentos, pias, fogões, equipamentos elétricos.

Um lar é aconchego, amor, bom entendimento, dedicação, paz, felicidade, compartilhamento, solidariedade, doação, felicidade, harmonia, alegria, risos.

Um desconhecido é ser estranho, isolado, desconfiável, informe, distante, desvinculado, fechado.

Um amigo é bem-querer, confiança, sinceridade, bom entendimento, cumplicidade, concordância, ajuda-mútua.

Aí está a dimensão da gratidão, segundo Melody.

Gratidão – qualidade de extrema nobreza entre as mais nobres.

Gratidão – estrela que brilha apenas nos céus de seres privilegiados.

Gratidão – qualidade tão alta e, ao mesmo tempo, tão simples, tão lógica, tão instintiva.

Não praticar a gratidão revela diagnóstico de necrose interior.

Seja você quem for, seja grato.

Mostre gratidão a seus pais, a seus avós, a seus professores, aos que lhe prestaram qualquer favor, aos que salvaram sua vida, aos que lhe deram um copo de água, uma carona, um gesto de solidariedade.

Ser grato é ato sumamente prazeroso, pode experimentar.

Se há uma noite em que você dormirá o sono dos anjos é aquela em que um gesto de gratidão tenha brotado de seu coraçao.

Seja grato. Faz tanto bem e não custa nada.

Cada momento de gratidão é um inesquecível abraço à vida.

55

TENHA A SANTA PACIÊNCIA

Minha avó sempre dizia: "Calma e caldo de galinha não fazem mal a ninguém".

É verdade, só que caldo de galinha se encontra em supermercado, calma não. No entanto, a tranqüilidade, diante de qualquer situação, é recomendação sábia, embora na prática a teoria seja outra, como proclamam por aí.

O grande pensador alemão Goethe dizia: *"Não basta a arte, nem basta a ciência. É indispensável a paciência"*. A frase até rima, de tão bonita que é. Segundo Goethe – e qualquer pensador – a paciência, a calma, a paz de espírito, a tranqüilidade, todas farinhas do mesmo saco, são qualidades necessárias para uma vida feliz e saudável. Sem falar de que uma pessoa detentora de tais atributos é sumamente benquista e sua convivência mais apreciada que limusine.

Jesus ensinava, do alto de sua sabedoria: *"Bem-aventurados os calmos, porque eles possuirão a terra"*.

O mundo é dos calmos, porque, segundo os cardiologistas, viverão mais e, segundo os economistas, terão melhores condições de fazer bons negócios bem pensados. Jesus sabia das coisas.

Será que existe alguma santa protetora da calma? Protetora da paciência, meu tio crê que existe, pois ele a invoca com freqüência de devoto. Cada vez que não aceita alguma coisa, ele exclama vigorosamente: "Tenha a santa paciência, assim não dá!"

Se você anda mais agitado que o caldeirão do Botelho, invoque a santa paciência.

Compreenda que não estou falando da paciência com intuito de torrar a sua paciência. Não é isto, tenha a santa paciência!

Ocorre que a paciência e a calma são qualidades do bom caráter, do espírito esportivo, enfim dos que cultivam a bela filosofia do "Deixapralá" e do «Não esquenta a cabeça».

Há um ditado árabe que diz o seguinte: *"Quando um cachorro te morde, não te abaixes para morder o cachorro"*. A não ser que seja cachorro-quente, acrescento eu. Aliás, o cachorro quente é exemplo de paciência, pois, apesar dos pesares, ele alimenta a boca que o morde.

Que fazer? – perguntará você, mal contendo sua impaciência diante de tanto arrazoado.

O impaciente, o irritado, o nervoso, o faísca-curta, está funcionando no lado esquerdo do cérebro. Se, na hora da cabeça quente, parar um pouco para contar até dez, ou fizer a oração do Pai Nosso silenciosamente, ou relaxar por instantes, estará passando a funcionar do lado direito do cérebro, que é o repositório da paz de espírito, da paciência, da calma, do raciocínio descomprometido e tranqüilo. Isso é o máximo da sabedoria, do bom senso, do espírito fraternal e amoroso.

Agora, paciência, está na hora de fechar este assunto.

Se você ainda não gosta da vida, tenha a santa paciência, vá, abrace-a, que ela já aturou você com a paciência de um frade de pedra.

56

SEU ÚLTIMO TELEFONEMA

Vamos supor que você tenha recebido, neste instante, aviso do Infinito: "Você está sendo chamado, agora, para o outro lado da vida. Só tem chance de dar um último telefonema".

Passado o estupor, você pega o celular e apressadamente chama a pessoa a quem deseja ansiosamente dar a última palavra.

Quem é essa pessoa?

Por que não conversou com ela ontem, na semana passada?

Por que foi dominado pela timidez e sempre deixou para falar noutra oportunidade mais propícia?

Por que esperou que o outro falasse primeiro?

Por que deixou para depois, depois, sempre o próximo depois?

Se essa chance não lhe fosse dada, nesse derradeiro instante, você partiria carregando consigo essa frustração.

Não será você aquele pai, severo e duro com o filho, que só lembrará de dizer quanto o ama na hora do último telefonema?

E você, jovem, vai esperar um acidente para abraçar seu pai e sua mãe pelo fio do telefone e dizer que os ama?

Aquela moça apaixonada, que nunca teve coragem de se revelar ao seu príncipe imaginado, somente conseguiu fazê-lo no último telefonema da vida. Por que não falou antes? Medo de ser rechaçada? Ter medo e ficar sem agir não é a mesma coisa? Com a diferença de que, agindo, poderá ter chance. Não agindo, sequer saberá se seria correspondida.

Se você tem uma mensagem que guarda ansiosamente no coração, imagine que chegou a hora do seu ultimo telefonema e... vá em frente.

Vocês dois estão brigados, romperam as relações, não se conversam, ninguém dá o braço a torcer. Você, na verdade, ama seu companheiro, ou companheira, mas espera que ele ou ela tome a iniciativa. Não deixe para o último telefonema. Seja simples como as crianças e abra seu coração. Amar e demonstrar amor nunca foi covardia. Amar é a suprema ação humana. Falar de amor é mostrar o paraíso. Fale. Mesmo que o outro responda com rompantes, ficará eternizada no coração dele sua mensagem amorosa. Quantos conflitos teriam acabado se um dos dois, ou os dois, confessassem os sentimentos amorosos que acalentam sigilosamente no coração.

Tem o caso daquela adolescente conflitada com os pais, que saiu de casa furiosa e foi morar em outra cidade. Mas nunca deixou de guardar carinho profundo pelos pais. Na hora do último telefonema, ligou para eles e disse-lhes tanta coisa comovente, lavando finalmente a alma. Os pais, do outro lado, choraram de emoção, abriram o coração e disseram a ela tudo que não haviam dito durante toda vida. Foi o mais tocante encontro de corações que se amavam, mas que raciocinavam baseados nos desentendimentos e agressões que aconteciam. Por que esperar até que o chamado do Alto rompa o elo?

Quando chegará a vez do seu último telefonema? Daqui a uma hora? Tomara que seja daqui a duzentos anos. Mas, não precisa acontecer esta situação drástica para que seu coração aflore os sentimentos. Sempre que você adiar a manifestação das coisas boas que existem no seu interior, estará perdendo tempo e vida.

Que está esperando? Pegue o telefone.

Dê o seu abraço e a vida abraçará você, com a energia dos deuses e as bênçãos do Infinito.

57

O céu está aqui

Tem aquela anedota do padre que foi transferido para uma paróquia muito distante, quase no fim do mundo. Lá chegando, escreveu uma carta ao bispo e foi colocá-la no correio. Encontrou alguns garotos jogando futebol na praça e perguntou onde ficava o correio.

– Olha, seu padre – explicou um deles – o senhor segue por esta rua, dobra à esquerda, é a segunda casa.

O padre aproveitou para convidar os meninos a irem à igreja:

– Já que vocês estão brincando aqui na praça, venham à minha igreja que eu vou ensinar a vocês o caminho do céu.

– Seu padre – ponderou o garoto da goleira – o senhor nem sabe o caminho do correio, como é que vai saber o caminho do céu?!

Piadas à parte, porventura sabe você o caminho do céu?

Aposto uma cerveja que não sabe.

Deveria saber, porque a localização do céu já foi

revelada há dois mil anos, pelo grande Mestre Jesus.

Se você disser afoitamente que o caminho do céu é conduzir sua vida a um glorioso destino eterno, pode pagar a cerveja, que errou.

Se você pensa que o céu é apenas a outra vida, está se parecendo com o ator que passa anos ensaiando a peça teatral, mas nunca estréia.

– Onde fica o céu, afinal?

– Dentro de você.

Foi o que ensinou o Mestre: "O reino dos céus está dentro de vós mesmos".

O céu está dentro de você.

Se você anda chorando sua desgraça pelos cantos da vida; se jaz abatido por tristeza sem fim; se a sua depressão é do tipo "arrasa quarteirão"; se vive revoltado contra tudo e contra todos – é fora de dúvida que você está longe do céu e, conseqüentemente, está longe de si.

É bom dar-se conta de que esta vida não é uma caminhada de sofrimentos e nem preparação para o céu, mas é o primeiro estágio do céu.

E para aqueles que buscam o sofrimento nesta vida, esperando a recompensa do outro lado, gostaria de citar uma famosa doutora da Igreja, chamada Santa Catarina de Sena. Viveu na Itália, entre 1347 e 1380. Segundo alguns eruditos, foi a mulher que exerceu maior influência na Igreja, apesar de sua vida muita curta.

Pois bem, esta santa doutora escreveu, certa vez: *"O caminho do céu é o céu"*.

Seja qual for a sua ideologia religiosa, uma coisa é

certa: o céu está dentro de você e cada instante da vida há de ser instante celestial.

No bom sentido, você está condenado a ser feliz aqui nesta vida maravilhosa que Deus lhe deu.

Não leve muito a sério aqueles que vivem apregoando o sofrimento, porque eles estão, em suma, pregando o sofrimento *para os outros*.

Viver no reino dos céus é ser feliz, é ser filho de Deus, é corresponder ao projeto divino.

Então, que o céu esteja com você e em você. Hoje e sempre. Este é o melhor abraço da vida.

58

MUDE A ROTINA

Diz um velho ditado que caminho bem começado é meio caminho andado. Posso assegurar que esse meio caminho andado fará o resultado da outra metade. Isto significa que você precisa adotar uma estratégia especial ao acordar a fim de colher um dia abundante e feliz.

Das primeiras atitudes da manhã, dependerá a colheita do dia.

O seu dia, para começo de conversa, deveria começar já na noite anterior: antes de dormir mentalize um sono tranqüilo e reparador e um despertar alegre e cheio de energias positivas. Seu subconsciente trabalhará por você durante a noite.

Ao acordar, diga para si mesmo: *"Estou começando o melhor dia da minha vida. Vai ser um dia maravilhoso, positivo, de ótimas realizações"*.

Se puder fazer uma mentalização mais forte, faça-a, deitado mesmo.

Sugiro, ainda, que leia uma meditação do meu livro Sabedoria de Cada Dia, ou de outro autor, para reforçar o otimismo. Criei também o Baralho da Felicidade e o Baralho de Jesus Cristo para que seu amanhecer seja prenúncio de fartas colheitas.

Lembre-se que o mundo que você cria na mente é o mundo que acontece no dia-a-dia.

Muita gente planta queixumes, amarguras, pessimismos desde o acordar e depois não sabe porque as coisas saem erradas no seu dia.

Na hora do seu banho matinal, dê uma de Pavaroti, mas cuidado para que os vizinhos não chamem a polícia.

Se possível, coloque uma música alegre enquanto se veste e procure usar roupas nas quais se sinta bem, tanto em conforto quanto em elegância.

Chegou a hora do café da manhã. Reserve bastante tempo para esse ritual. Desfrute esse momento único com alegria, bom astral, calma e paz de espírito. Combine café quentinho e gostoso com sorriso contagiante.

Dê bom-dia alegre aos familiares que partilham da sua mesa e expanda bom humor e otimismo. Não custa nada e traz excelentes frutos.

Acabe com essa tendência de acordar péssimo e soprar fumaça negra pelas ventas. Se você atinasse que acordar de manhã é resultado de um fantástico milagre, esqueceria sempre as agruras e celebraria o amanhecer da vida com o mais alto gesto de gratidão a Deus.

O início do seu dia não pode ser desperdiçado com chatices e xingações.

Volto a insistir que você colhe o que semeia. De mais a mais, seus familiares merecem o melhor de você e não o pior.

O segundo capítulo do seu amanhecer passa-se na rua e na chegada ao trabalho.

Se cumprimentar os amigos e conhecidos na rua, estará semeando amizades e simpatia para as pessoas, o que já é uma missão belíssima, que mereceria colocá-lo no pódio da fórmula um.

Se for de carro ao serviço, ponha uma fita de mensagens positivas ou então inunde sua mente de expectativas agradáveis, agradecendo este dia como uma dádiva divina.

Se for a pé ou de ônibus, imagine o sucesso na sua atividade, agradeça o dom da vida, crie idéias positivas e reveja com alegria suas potencialidades, encarando seu dia como o melhor e mais alegre de todos.

Já dizia o famoso filósofo grego Aristóteles, que viveu há 2.350 anos: *"O que você espera que aconteça, acontece"*. Palmas para Aristóteles.

Ao aportar ao local do trabalho, sorria, mostre que o dia é e será especial, cumprimente os colegas e demonstre prazer em revê-los.

Elogie sinceramente e terá amigos ao seu redor; critique e você criticará sozinho.

Daqui para frente, seu dia será uma colheita benfazeja, à altura do que você semeou até o momento.

Bom-dia.

Você nunca abraçou a vida tão bem quanto nesse dia. Parabéns!

59

HISTÓRIAS À BEIRA DA CAMA

Numa noite dessas, altas horas, ouvia eu um psicólogo estrangeiro lamentar, na tevê, o declínio daquela velha tradição em que a mãe, ou o pai, acompanhavam a criança à cama, na hora de dormir, e contavam historinhas. Considerava ele um hábito muito importante para o filhinho, pois aí fazia-se o contato do amor, do carinho, da atenção ao pequeno, ao mesmo tempo em que se estimulava a fantasia, o sonho, o encantamento.

Por incrível que pareça, essa tradição antiga, além de criar elos amorosos, desenvolvia a criatividade e a curiosidade, qualidades fundamentais para o sucesso profissional futuro.

Muitos adultos, metidos a doutos, pensam que o que vale é propor a realidade nua e crua à criança e ponto final.

Há escolas que entendem que educar é desfazer o mundo da fantasia e conduzir a criança ao contato com a pedra, o concreto, a geografia, a matemática, coisas tidas e havidas como palpáveis, definidas e definitivas. Esquecem que a imaginação é a fonte de todas as descobertas e o único caminho do progresso.

Dizia Napoleão Bonaparte que a imaginação governa o mundo.

O famoso cientista Albert Einstein afirmou que a imaginação é mais importante que o conhecimento.

Hoje em dia, vê-se muita gente de uma aridez criativa impressionante. Provavelmente fruto de pais ausentes ou de educadores que incutiram o valor único e absoluto das realidades existentes e das verdades comprovadas.

Reconheço que vivemos numa época em que a correria é grande. Geralmente os pais trabalham fora, chegam tarde da noite em casa, voltam para outros compromissos sociais ou políticos ou religiosos e, a essa altura, a criança já vestiu seu pijaminha e dorme o sono dos bem-aventurados. Ou dos tristinhos.

Há pais que sobrecarregam a criança de compromissos e aprendizados, alegando que é a idade em que se aprende com mais facilidade.

Nunca impeçam, porém, a criança de ser criança, de viver intensamente a quadra considerada mais feliz da vida.

Jesus deu predileção às crianças e disse que delas é o reino dos céus. Mais do que isso, colocou a criança como paradigma do adulto: "Se não vos tornardes como as crianças, não entrareis no reino dos céus".

Gostaria que você, respeitável e impertérito adulto, fizesse um rápido exame positivo a ver se não pode fazer mais para que seus filhos vivam a vida de acordo com a idade e cultivem sentimentos que se sobrelevem à dureza do dia-a-dia.

Qual foi a última vez que você levou seu filho a um circo, a um parque, a um mundo encantado, a um teatrinho infantil? Tem dado de presente ao seu filho, alguma vez, um livrinho de histórias infantis?

Sei que você dirá que seu filho se entretém com a televisão. Só isso? Sem contar que a tevê semeia de tudo, tanto a boa semente da alegria, dos ensinamentos úteis, dos filmes encantadores, das benéficas historinhas animadas, como também a violência, o terror, a confusão, os medos, o desamor, a inversão de valores.

Então, vamos combinar o seguinte: aproveite certas noites para acompanhar seu filhinho à cama e conte alguma historinha até que ele adormeça com sorriso celestial nos lábios. E leve-o a participar de eventos que estimulem positivamente a fantasia e inundem de alegria e felicidade aquele coraçãozinho maravilhoso.

Assim, você estará cumprindo a linda missão de conduzir seu filho ao abraço da vida.

60

VIDA PLENA

Existem aqueles que lutam como tigres para conquistar o mundo inteiro; os que não querem nada do mundo; os que querem o mundo todo, mas nada fazem; e, ainda, aqueles que não querem fazer nada, mas exigem que se lhes dêem o mundo inteiro.

Quem está certo?

Se você vive apenas para trabalhar, vinte e quatro horas do dia afundado nos compromissos, negócios, problemas econômicos, ambições desmesuradas, tresloucada corrida atrás do dinheiro, será mais uma vítima do mal do século: ***o estresse***.

Claro que não estou fazendo apologia daqueles que trabalham no limite mínimo, apenas para suprir as necessidades urgentes de cada dia; menos ainda me referirei àqueles que exigem tudo de mão beijada. Nossa missão nesta terra é, também, contribuir para a construção de um mundo mental e material cada vez melhor.

Você não é só espírito e nem só matéria.

Aqui nesta vida, a matéria depende do espírito e

vice-versa. Ambos são essenciais.

O espírito faz a criatura humana ser o que é, mas a matéria, no entanto, é fundamental para que o espírito possa expressar-se neste mundo. Quanto melhores forem as condições materiais, melhores serão as condições para que o espírito, que é a Vida por excelência, se realize.

No conflito entre a vida e a matéria, fique-se com a vida. Por sinal, a filosofia popular assim pensa: "Vão-se os anéis, fiquem os dedos".

Jesus também alertava: "De que vale ganhar o mundo se vier a perder a vida?"

Os grandes milionários, na hora da morte dariam a fortuna para ter mais tempo de vida saudável e feliz.

Você não precisa esperar o momento derradeiro para descobrir que ser feliz é essencial.

Trabalhe, use o resultado do seu esforço para conseguir uma vida mais confortável, mais saudável, mais culta e próspera para si e para os seus e, ao mesmo tempo, contribua para servir ao progresso e ao bem-estar da humanidade.

Abandonar o mundo material é viver o impossível.

Abandonar o mundo mental e espiritual é não viver.

Como você saberá quando está na justa medida?

O estresse indica que você está exagerando na materialidade.

O descuido, desinteresse e desprezo das coisas materiais, significará que você está exagerando a parte espiritual.

In médio est virtus – dizia a sabedoria latina. A

virtude está no meio.

Vá em frente, colocando num prato da balança o mundo mental-espiritual e, no outro, o mundo material.

Pelo equilíbrio, você estará abraçando a plenitude da vida.

61

NÃO FIQUE PRISIONEIRO DAS CRÍTICAS

Dois loucos foram tomar banho de chuveiro, um com roupa e tudo, o outro de guarda-chuva aberto.

– Por que você está tomando banho de roupa – pergunta o primeiro.

– Porque ontem choveu. E você, por que está de guarda-chuva debaixo do chuveiro?

– Porque esqueci-me de trazer a toalha.

Penso que, muitas vezes, a gente toma certas atitudes um tanto semelhantes àquela dos loucos, ou seja, não tem nada a ver a resposta com a pergunta, o fato com as medidas posteriores, a causa com o comportamento que se seguiu. Por exemplo, se alguém o injuriou e você reage como se fosse verdade – não é atitude semelhante à dos loucos?

Nunca aconteceu de lhe dizerem que não tem capacidade e você fica triste, desanimado, agindo como se realmente fosse incapacitado?

E quando uma pessoa de mau caráter descarrega

impropérios na sua cara e você se rebela furiosamente como se tivesse assumido tais besteiras?

Mas, há uma situação muito sutil em que você toma para si o que já não lhe pertence. Isto ocorre quando carrega traumas do passado. É claro que o passado não lhe pertence, até porque o passado não existe. Você, no entanto, continua vivenciando um problema que se passou há tantos anos. O seu momento atual não tem nada a ver com o momento do passado em que sucedeu aquele fato. Seu caso não é meio parecido com o daqueles doidos?

Tome a decisão de jogar fora todos esses penduricalhos do passado. Além de não terem nenhuma serventia, só perturbam e prejudicam você, roubando sua alegria e baixando sua auto-estima.

Se perdeu uma partida futebol, não vá ficar com a derrota eternamente na cabeça. Os times que perdem partem para outra, na expectativa de aproveitar a lição e colher a vitória ambicionada.

Os seus intestinos, que ontem apresentaram fortes dores devido a uma alimentação deteriorada, não vão continuar reagindo dolorosamente pelo resto da vida. O fato é passado e hoje seus intestinos estão funcionando maravilhosamente bem, totalmente desligados do problema que já não existe mais.

Quando ocorrer alguma situação negativa, procure colocar distância entre você e o problema. Facilita uma análise criteriosa, fria, ponderada, abrangente, que possibilitará a solução adequada.

Há momentos em que a pessoa tem vontade de tomar a mesma atitude daqueles loucos. É quando alguma contrariedade irrita tanto a ponto de fazer o indivíduo perder o autocontrole. Aí ele sente vontade de chutar o balde, mandar tudo às favas, dar tiros na lua ou sair à moda judas iscariotes para fazer o que não deve. Calma. O mundo não acabou. Não naufrague em tempestade de copo d'água. Nada melhor do que um dia depois do outro e uma noite no meio. Não tome a atitude dos loucos da anedota.

Invoque a Sabedoria Infinita, que habita seu íntimo, para encontrar o caminho mais apropriado quando estiver diante de um conflito ou de uma arrasadora decepção.

Disse Deus: "Ao invocar-me, eu ouvirei e atenderei". Ao rezar, abraçará o Infinito e, em união com o Infinito, sua vida será um abraço.

62

DEFINITIVO É QUE NADA É DEFINITIVO

Um dia, uma criança me perguntou:

– Dindo, tudo que Deus faz é perfeito?

– Claro, tudo que Deus faz é perfeito.

– Não é.

– É sim.

– Então, se tudo que Deus faz é perfeito, por que não fez a gente nascer sabendo tudo? Aí a gente não precisava ir para a escola.

– A perfeição, segundo a sabedoria do Criador, é justamente que o ser humano vá aprendendo de acordo com o desenvolvimento da sua idade. A perfeição está no crescimento evolutivo físico, mental, espiritual e emocional.

– Mas a gente devia nascer sabendo – insistiu criança.

– Bom, agora você me faz entrar em assunto bem profundo: toda criatura humana na verdade nasce sabendo, porque tem em si, no âmago do seu ser, a Sabedoria. Porém, a capacidade de extrair conhecimentos inerentes ou intrínsecos – agora estou falando para adultos – depende do aprendizado. Todos têm tesouros no seu íntimo, mas pouco sabem disso. O conhecimento do conhecimento necessita de aprendizado. Aqui é que se faz o processo evolutivo. Muitos crescem e mal chegam à porta da Sabedoria. Outros avançam em idade e, nada sabendo de si, vivem do que extraem dos outros. São os repetitivos. Esses correm o risco de fanatizarem-se.

Dizia Churchill que fanático é o homem de uma só idéia e que não sabe mudar de assunto.

O fanático não aprendeu o caminho da sabedoria interior e não sabe usar os instrumentos mentais para analisar e avaliar os conceitos que lhe são propostos: recebe o pacote de uma idéia, ideologia ou crença, e vai pra casa abraçado nele.

É muito bom que surjam novas idéias, novos conceitos, novas ideologias, novas filosofias, porque darão maior amplitude à visão da vida e do mundo. Porém, que não haja radicalismo, porque este é cego, surdo, mudo e burro. Os antigos já diziam que os extremos se tocam.

Extremismos de esquerda ou direita, de liberalismo ou socialismo, desta ou daquela religião, de bíblia literal ou de bíblia interpretativa, deste ou daquele costume, deste ou daquele partido, deste ou daquele time de futebol, deste ou daquele gênero musical, deste ou daquele movimento religioso – são maneiras obtusas de ver as coisas e geram desarmonias e violência.

Inteligentes e equilibrados são os que buscam os aspectos benéficos de cada corrente. Em tudo há sempre pelo menos um pouco de verdade.

Deus lhe deu sabedoria, como fonte própria da auto-orientação; deu-lhe inteligência para reunir parâmetros de análise; deu-lhe poder para não depender dos outros. Então, siga seu caminho alegre e tranqüilo, usufruindo as novidades da evolução e irradiando as riquezas do seu pensamento e do seu modo de ver o mundo.

A vida é simples.

E a medida da perfeição é a felicidade.

Ser feliz é abraçar a vida.

63

DÊ UM PASSO À FRENTE

Lembra-se do tempo em que o cobrador do ônibus gritava: "Um passo à frente, por favor"?

A vida está lhe dizendo, a cada amanhecer: "Um passo à frente, por favor!"

Se você permanece sempre no mesmo lugar, com as mesmas idéias, escorado nas mesmas crenças e conceitos, sem dar sequer um passinho à frente, correrá o risco de ser visto como um dinossauro.

O futurólogo Alvin Toffler escreveu que "a mudança não só é necessária à vida, é a própria vida".

Quando lhe apontam novos caminhos, faça como os avisos de estrada de ferro: "Parar, olhar, escutar". Acrescento: "Meditar".

Tem muita gente que, diante de qualquer pensamento novo, proclama de imediato: "Não sei, não quero saber e tenho raiva de quem sabe". Outros resmungam diante de qualquer novidade: «Não vi e não gostei».

Há pessoas que chamam de bobagem tudo quanto não fecha com seus conceitos e preconceitos. Acontece que, de bobagem em bobagem, criamos o computador, o avião, a internet, o forno eletrônico, o telefone celular, o fax, o foguete espacial e tanta coisa maravilhosa.

O escritor George Bernard Shaw, prêmio nobel de literatura em 1925, escreveu, certa vez: "Todas as grandes verdades começam como blasfêmias". Talvez a blasfêmia verdadeira mais famosa tenha sido a de Galileu Galilei, quando afirmou que não é o sol que gira em torno da terra, mas o contrário. A Inquisição pegou ele.

Seja atento em ouvir e lento no julgar, pois o julgar há de ser resultado de longo período de meditação e pesquisa.

Não seja daqueles que só sabem pensar pelos outros, falar pela boca dos outros, aceitar o que os outros aceitam, condenar o que os outros condenam. Nesse caso, você passará ao andar de cima com o cérebro zero quilômetro e a inteligência ainda lacrada. Devolução intata. Mas não foi para isso que Deus lhe deu sabedoria.

O avião está seguro no aeroporto, mas não foi para isso que ele foi feito.

Também, não quero dizer que você se atire de armas e bagagem sobre qualquer novidade. Receba a novidade, que pode ser um modismo ou uma verdade, aplicando-lhe a fórmula: «Parar, olhar, escutar e meditar».

Use a sabedoria e o poder interiores para acertar o bonde da vida e da história.

Abraçar a vida não significa abraçar tudo que cai na rede.

Abraçar a vida é comungar com as coisas boas e

benéficas e gratificantes.

Abraçar a vida é abrir os braços para as novas mensagens de alegria e bem-estar.

Abraçar a vida é dar a mão àqueles que desejam levar você a um mundo melhor, mais humano e mais feliz.

64

FAÇA SUA PRÓPRIA DEFINIÇÃO

Malcolm X foi um líder radical norte-americano, que morreu assassinado em 1965. Suas idéias não foram sadias e nem contribuíram para a integração das raças.

Chamou-me a atenção, no entanto, uma frase sua, que dizia o seguinte: "As únicas pessoas que realmente mudaram a História foram as que mudaram o pensamento dos homens a respeito de si mesmos".

Ocorreu-me, então, a pergunta:

– Como pode o ser humano mudar o pensamento a respeito de si mesmo? Há algo a mudar no homem? Na mulher?

O homem, desde os primórdios, vem evoluindo e, à medida em que os anos avançam, suas convicções e sua filosofia de vida vão mudando.

Ao longo do tempo, surgiram filósofos, líderes religiosos, sociólogos, pensadores, iluminados, que ofereceram novas idéias e novos conceitos a respeito da criatura humana.

Com esse cabedal milenar de conhecimentos, o que você pensa de si mesmo? Encontrou o caminho que conduz à auto-realização?

Não vamos falar sobre a evolução material, porque esta vai de vento em popa. A tecnologia está conduzindo a humanidade a um progresso fantástico.

Também não vem ao caso abordar aqui os avanços da Medicina.

A Psicologia, por sua vez, tomou grande impulso.

A Psicanálise está ocupando espaços cada vez maiores

Mas eu quero saber sobre você.

Especificamente sobre você.

Em que nível se encontra sua vida?

Que nota você se dá, de cinco a dez?

Você se sente bem consigo mesmo?

Julga-se a maravilha das maravilhas ou uma desgraça ambulante?

Diga-me lá: Está crescendo pessoalmente ou parado como água de poço?

Mais uma perguntinha – que perguntar não é ofensa: Você é feliz ou anda chafurdado em depressão, tristezas e sofrimentos?

Mas, acima de tudo, importa saber qual é sua visão do ser humano. Como definiria a criatura humana?

A Filosofia Existencialista diz que o homem é um projeto inacabado, ou seja, uma frustração incurável.

Há os que pensam que o pecado original degradou este ser criado à imagem e semelhança divina e, por isso, pouco ou nada pode-se esperar da espécie humana nesta vida.

Muitos admitem que o indivíduo pode conseguir muitas coisas, mas a vida é cheia de altos e baixos. Concluem que nem tudo é possível e que estamos à mercê do azar, da sorte, do acaso e da fatalidade.

Conforme a definição de cada um a respeito da pessoa, pode-se determinar o grau de evolução individual.

Com certeza, toda criatura humana é originária do Infinito, feita à imagem e semelhança divina, com sabedoria para discernir a verdade, com liberdade para escolher o caminho, com poder para realizar os desejos e projetos.

Se é assim que você pensa de si mesmo, parabéns, porque ultrapassou a fronteira do segundo milênio e entrou firme nesse novo mundo humano maravilhoso que está nascendo. Você, nesse caso, saiu da era primitiva e abriu as portas da sua evolução mais alta. Acredita que, se pode sonhar, pode realizar. Muito bem, você faz parte da humanidade do terceiro milênio. Com certeza.

Então, receba o abraço da vida!

65

Faça a sua escolha

Suponhamos que você tem dois minutos para escolher entre apenas duas situações vitais.

Primeira: você mora numa favela, casa muito arruinada, comida que mal e mal cobre a fome, sem dinheiro para um cobertor, sem uma cerveja de fim de semana, sem possibilidade econômica para nada a não ser perambular por aí, a pé, sapato furado, calças rotas, camisa desbotada, jaqueta do tempo do dilúvio, herdada de Noé. Em casa, a situação é crítica. A mulher e os filhos, no limite. E você vai tentando se defender por aqui e por aí, a fim de levar o pão e o leite para casa. Cinema, parques, passeios, viagens, nem pensar. Mas você está numa boa, bem-disposto, animado, bom entendimento na família, sorriso aberto na expectativa de que a coisa vai melhorar. Gosta de contar piadas, bater um futebolzinho de potreiro, ouvir um radinho de orelha. E está feliz, porque a vida continua, graças a Deus. E vai mudar para melhor.

Segunda: você vive numa mansão, decorada a rigor, comida de primeira, dois carros na garagem, universidade feita, três viagens à Europa no currículo, férias nas praias nordestinas, churrasco nos fins de semana, bailes, boates, dinheiro no banco, negócios prosperando, roupas de grife, internet, celular, micro-ondas e som de alta qualidade. Mas você está jogado na cama, em depressão profunda, abatido, desanimado, sem vontade de viver, enojado de tudo e de todos, infeliz, no fundo do poço. Não quer visitas, não quer sair, detesta a comida, o carro, a casa, tudo. Nada nem ninguém consegue dar-lhe alguma gota de alegria e de ânimo. Desespero total.

Se você tivesse apenas estas duas opções na vida, qual delas escolheria? Não ter condições materiais e ser feliz ou possuir todo o conforto material e ser infeliz? Passar necessidades mas sentir-se vivo ou ter tudo e estar morto interiormente?

Grande parte das pessoas fazem o possível e o impossível para conquistar bens materiais. Estressam-se, perdem sono, cavam inimizades, deixam de lado o casamento, esquecem os filhos, vivem agitadas, sacrificam a vida, o lazer, a família, a saúde e o bem-estar, para somar mais lucros, mais carro, mais casa, mais prestígio na sociedade. Mas cometem o mais grosseiro equívoco que se possa imaginar: não perceberam que o que dá sentido ao mundo exterior é o mundo interior da pessoa. Sem este, os bens materiais não funcionam, não têm nenhuma razão de ser.

Não existe felicidade ou infelicidade na casa, no carro, na bicicleta, nas roupas, nas praias. Tudo tem sentido a partir de você.

Você é o centro único. Se você, em si mesmo, é feliz, para você tudo é felicidade. Se você é infeliz, qualquer coisa também lhe será infelicidade.

Antes e acima de tudo, invista em você, na sua mente, buscando conhecimentos, energias interiores, alegria de viver, paz de espírito, luz, amor e felicidade. Dê primazia a você, conquiste seus maravilhosos espaços interiores e estará de braços dados com a felicidade, o amor, o reino dos céus, a vida na mais alegre plenitude.

E, sendo feliz, fique rico quanto quiser, porque só assim os bens materiais serão prazerosos.

O abraço da vida acontece de dentro para fora.

66

DEIXE QUE FALEM

De Saadi tem esta historinha: «Colocaram a um sábio árabe a seguinte questão:

– Um homem está sozinho no quarto com uma mulher belíssima. Não há ninguém por perto, o homem está louco de desejo, a mulher também. Crês que, orando com fervor, poderá este homem escapar à tentação?

– Talvez escape à tentação – respondeu o sábio – mas não escapará aos maldizentes".

Será que você não se preocupa demais com essa gente que vive atrás dos bastidores da vida arrumando fofocas desairosas sobre todo mundo? Não vale a pena se preocupar, menos ainda magoar-se. Se você escapa à tentação ou não, jamais escapará dos maldizentes.

Lembro-me de que, quando comecei a viajar para realizar Jornadas da Mente por esse mundo de Deus, precisava levar uma pessoa comigo, para cuidar da organização, dos contatos, dos acertos de contas. Não sabia o que fazer: se levasse uma jovem comigo, alguns falariam que eu tinha caso com ela; se levasse um rapaz, poderiam fofocar que eu era gay. Se não levasse ninguém, diriam que eu era desorganizado e materialista.

Optei por levar uma moça competente, que cumpriu sua missão, ao longo desses vinte e dois anos de caminhada, com dinamismo e eficiência.

Deixaram de inventar coisas? Não, mas a sabedoria me ensinou que o problema dos outros é problema dos outros e que eu nunca deveria deixar de fazer o bem por causa dos maldizentes. Já inventaram de tudo sobre mim, até mesmo que eu morri, mas, graças a Deus, estou aqui ressuscitado por mim mesmo.

Os anos passam, continuo padre, rezo missa normalmente, nunca fui excluído da Igreja e nem da minha Sociedade e os fofoqueiros vivem engasgados nas suas mentiras. A sabedoria ensina que toda mentira morre por si mesma. Não vale a pena perturbar-se.

Se você anda triste por causa de fofocas, maledicências, invencionices, saiba que você não pode mudar os outros mas pode mudar a sua maneira de ver os outros e a vida.

Lembre-se que você é o que pensa e não o que sai da boca dos outros. Pela Lei do Retorno, esses terão que engolir suas próprias maldades.

Dizia J. Billings que "a melhor maneira de convencer um idiota de que ele está errado é deixá-lo agir como deseja".

Tinha razão Erasmo de Roterdam ao escrever o seguinte: "Rir de tudo é próprio de parvos, mas não rir de nada é próprio de estúpidos".

Siga seus ideais, vá em frente com fé e alegria, nunca desanime diante da incompreensão, seja complacente com os fracos de caráter e a vida lhe trará imensas e inesgotáveis recompensas.

Se você abraçar a vida, ela abraçará você no abraço da felicidade, digam os outros o que disserem.

67

A ESSÊNCIA DO CRISTIANISMO

Existem muitas qualidades humanas e cristãs de alto quilate, como a paz, o desapego interior, a calma, a fraternidade, a sabedoria, a caridade, a justiça, os dons de profecia, a comunicação, a verdade, a fidelidade, a honestidade, mas a essência do cristianismo é o *amor*.

Foi o que Jesus ensinou e ele é a causa primeira da Igreja e do Cristianismo.

Não atender a esse princípio básico, substituindo-o por outros valores, é querer ser mais Jesus Cristo do que Jesus Cristo.

Muitas vezes, se ouvem inesgotáveis horas de pregação sobre virtudes, obrigações religiosas e valores sociais outros, relegando-se o essencial – o amor – para o segundo ou terceiro escalão.

Poderia citar aqui as passagens em que o Mestre enfatiza que Deus é amor, que o ser humano é amor, que as relações entre as pessoas e o universo são expressadas no amor, mas, por certo, esses ensinamentos já são do seu conhecimento.

Não resisto, porém, ao ímpeto prazeroso de trazer aqui um trecho da carta em que o apóstolo Paulo fala do amor:

"Ainda que eu tenha o dom de profetizar e conheça todos os mistérios e toda a ciência; ainda que eu tenha tamanha fé a ponto de transportar montanhas, se não tiver amor, nada serei.

E ainda que eu distribua todos os meus bens entre os pobres; e ainda que entregue o meu próprio corpo para ser queimado, se não tiver amor, nada disso me aproveitará".

Paulo oferece uma página magistral sobre a essência do cristianismo.

Nós, os cristãos, precisamos rever nossas crenças, dogmas e métodos de vida, a ver se coadunam-se com o princípio básico de Jesus, caso contrário corremos o risco de valorizarmos a árvore apenas pela aparência e tamanho das folhas.

Como ninguém dá o que não tem, o passo essencial é cultivar o amor interiormente. Tenha amor dentro de si e terá amor para irradiar.

Certa vez, li que "amar é a melhor oração, mas, se você não ama, então precisa orar".

Já imaginou o que acontecerá na face da terra no dia em que a humanidade pautar a vida pelo Lei do Amor?

Terá chegado o paraíso.

E o paraíso, nesta terra, será a mais alta expressão do abraço da vida.

68

ESTE É O SEU TIME

Quando termina o campeonato, fica a comemoração ou o amargor da derrota. Passado esse momento, tudo volta ao começo.

Se o time que disputa não é o seu, pouco se lhe dá o que acontece ou deixa de acontecer.

Você não faz parte de nenhum time? Já pendurou as chuteiras?

Não pertence realmente a nenhum time? Pense um pouco.

Claro, pertence ao time da sua Família. Este está na Primeira Divisão. Ou, para usar um termo atual, faz parte do Grupo dos Treze. Participa da Copa do Mundo da Felicidade.

Depois, você pertence também, com certeza, ao time da sua empresa, do seu clube, da sua igreja.

Mas o time principal, onde você treina, joga, incentiva, colabora, vibra, é o da sua Família.

Cada dia, na sua casa acontece o campeonato, sim, o Campeonato do Amor. E da Boa Vontade. E também da

Colaboração.

Qual é a sua performance? Tem posição garantida no time principal ou está na reserva? Por favor, não seja do grupo come-dorme.

Você e cada membro do time da sua Família, devem ser atuantes, não só individualmente, como coletivamente.

Não me diga que você está se atirando nas cordas! Não acredito!

O time da Família precisa de você, seja você o pai, a mãe, o filho mais velho, a filha, a criança, o nenê.

Este é seu time especial. Dedique-se a ele, dando o melhor de si.

A energia poderosa que produz os melhores resultados, até mesmo goleadas, é o amor.

Jogue nesse time, mas jogue com amor.

O amor supera dificuldades, fracassos, crises, derrotas. O amor faz campeões.

Não basta se fazer presente em casa, é preciso ser amor e derramar amor. Esta é a diferença que faz a diferença.

Dizem que, lá fora, você joga bem, é prestativo, animado e bem humorado. Tudo bem. Mas não esqueça que seu time da Família também precisa dessa atitude, para vencer o Campeonato do Bem-viver.

Se está tentado a pendurar as chuteiras, lembre-se que ainda não fez tudo que podia por esse time. Ele confia em você. Espera de você. Vai querer acovardar-se? De jeito nenhum. Eu e você conhecemos times que estavam praticamente derrotados quando, por uma auto-superação, reverteram o prejuízo e saíram vencedores.

Toda hora é hora.

Existem bons times por aí, mas como esse da sua Família não há igual.

Se os resultados não têm sido positivos, então é hora de despertar sua bravura, seu entusiasmo, seu grito de guerra e partir para a colaboração e participação efetiva.

Você pode dar mais de si, com certeza. Ninguém quer participação com má vontade e nem com bronca. Todos querem sua alegria, sua presença exuberante, sua fé, seu amor.

Se não está tendo boas atuações, treine mais, treine a paz, a alegria, a boa vontade, a paciência, a tolerância e você estará sempre entre os titulares.

Pode ser que o time da sua Família tenha perdido alguns campeonatos ao longo dos anos, mas agora, com essa injeção de ânimo de sua parte, voltará a ser campeão. Acredite.

Jogue todos os dias o jogo do amor, faça gols e parta para o abraço da vida.

69

As lições da poda

O pai estava cortando as folhas e galhos secos da árvore, quando a filhinha perguntou:

– Paizinho, por que está cortando a árvore?

– Estou tirando fora as partes ruins para preservar as partes boas.

– Mas, o senhor está jogando fora uma parte da árvore!

– Minha filha, as partes inúteis ou mortas não ajudam em nada a árvore; pelo contrário, a prejudicam. O que estou cortando não tem mais finalidade. Manter esses galhos, só atrapalha e deteriora a árvore. Você não quer ver esta árvore viçosa, forte, cheia de folhas e flores? É para isto que estou retirando o que não presta.

Na vida, não raro, é necessário a gente desfazer-se de algo que, além de não ter serventia, está complicando a auto-realização e impedindo a felicidade. Não hesite em romper com quem joga você no fundo do poço. Pessoas que agem assim com você, não expressam amor, nem solidariedade, nem amizade, nem bondade e muito menos generosidade. Para que servem, então?

Veja o que acontece no corpo: se não se consegue reverter um tumor, a solução é extirpá-lo, para que não contamine as demais partes saudáveis.

Às vezes, ao longo do tempo, é imprescindível cortar um hábito nocivo. Corte-o, mesmo com pena e com síndrome de vazio. Sua vida agradecerá.

Pode chegar o momento em que uma convivência apenas sirva para perturbar o bem-estar. Ponha o serrote, com coragem. Sua vida vale mais do que algo ou alguém que baixa o seu astral.

Há galhos secos da sua árvore que só o deixam se forem retirados definitivamente. Não tenha medo.

Você, por certo, teve que enfrentar situações que o diminuíram demais e que continuam a borrifar decepções no seu coração. Escolha o melhor, salve sua árvore.

Pode acontecer que alguma pessoa, de péssimo caráter, alimente o mórbido prazer de baixar sua autoestima. Pode esse galho, que está apodrecido.

Não pense que a fruta podre seja indispensável na sua mesa. O prazer e a saúde estão nas frutas boas.

O sentimento de vazio e de solidão não ocorrem porque você se livrou de alguma pessoa estragada, mas porque você imagina que essa operação tirou um pedaço bom de você. Não, não era de forma alguma pedaço bom, mas galho morto, imprestável, que desintegrava a vitalidade da sua árvore.

Se você não cuida da sua árvore, quem o fará?

Faça com que sua árvore cresça saudável, cheia de

vida, forte, bem enraizada, exuberante, e novos galhos, melhores, mais ligados a você, mais integrados ao todo, mais benéficos e prazerosos, surgirão.

E o desejo inato de ser uma árvore frondosa, bonita, florida, integrada de galhos e ramos viridentes, formando um todo feliz, passa a acontecer.

Você, então, será juventude, produzirá flores e belos frutos, dará sombra, e nunca mais se lembrará dos fungos, parasitas, galhos perturbadores e folhas mortas.

Assim, você abraçará a vida, no pleno sentido da palavra.

70

VAMOS, ABRACE!

Frederich Von Hardenberg escreveu essa maravilha: "Curvar-se diante do homem é um ato de reverência feito diante desta Revelação da Carne. Tocamos o céu quando colocamos nossas mãos num corpo humano".

Este mesmo pensador, dos anos 1770, citado por Thomas Carlyle, escreveu também que "não existe senão um único templo no universo, e é o Corpo do Homem. Nada é mais sagrado que esta elevada forma".

Até hoje este esplendoroso universo físico do ser humano não tem sido descoberto e valorizado devidamente. Por sinal, as religiões e o puritanismo mais o desvalorizaram e repudiaram do que o contrário.

Não existe maior sentido do corpo do que o tato, que se expressa através da pele, que, por sua vez, movimenta as emoções positivas e estas produzem ótimo espectro hormonal.

Pelas mãos, pelo abraço, pelo tato, pelo toque, você transmite energias poderosas curadoras e portadoras de imenso bem-estar.

A criança, por exemplo, necessita do toque, do abraço, do colo para sentir os eflúvios do amor e se desenvolver sadiamente.

O enfermo, se sentirá melhor se você o tocar, pois, assim, você liga nele a tomada pela qual jorrará a energia curadora.

As mudanças elétricas, químicas, hormonais e bioenergéticas desencadeadas pelo toque afetam todo o organismo vivo e os resultados são extraordinários.

Um abraço é uma estupenda troca de energias benfazejas, por isso dizem os entendidos que devemos dar pelo menos doze abraços por dia, para termos saúde, bem-estar, tranqüilidade e prosperidade.

Se você está deprimido, significa que está necessitando de muitos abraços, que poderiam substituir os *prozaques* da vida. Mas o deprimido age exatamente em sentido inverso: afasta-se das pessoas, acha que é um fracasso existencial, que ninguém gosta dele, que a vida não tem sentido. Pior ainda, se alguém o abraça é capaz de achar fingimento, pois como é possível alguém gostar dele?!

A Dra. Judith Smith, da Escola de enfermagem da Universidade da Pensilvânia, disse: "O significado de curar é o que o curador comunica. O meio eficaz de estabelecer uma transação com a pessoa doente é o amor, o cuidado, o profundo desejo de ajudar. O curador está comunicando, de modo ativo, sentimentos de preocupação, interesse, cuidado, e o paciente responde com uma esperança confiante. Dentro desta perspectiva, pode-se presumir que os gestos e manipulação do curador, no toque terapêutico, funcionem como uma forma de comunicar a atitude do curador".

O amor é a maior fonte de energias, tanto físicas, quanto mentais e espirituais, e essa energia pode ser passada pela palavra, pela oração, pelas mãos, pelo abraço, pelo contato.

Lembre o que escreveu Frederich Von Hardenberg: "Tocamos o céu quando colocamos nossas mãos num corpo humano". Muita gente pensa que tocar é coisa para casal num quarto fechado. Mas o amor é essencial e universal – já ensinava Jesus – e uma forma de expressar amor é o toque da mão ou o abraço. Neles se expressa a plenitude do amor, porque formam a síntese da energia na dimensão total, ou seja física, mental, espiritual e divina.

E a plenitude é o céu.

Abraçar é dizer: "Somos um, estamos envolvidos na mesma energia amorosa infinita".

71

O ABRAÇO DEFINITIVO

Estamos chegando, que chegar é preciso.

Se você ficasse no meio do caminho, quantos abraços felizes e amorosos deixaria de dar e receber?

Mas, você veio até aqui. Parabéns!

O mundo é dos audazes, dos curiosos e dos inconformados. Como você.

Muitos se deixam ficar no porão da mesmice e afixam na porta o aviso: «Daqui não saio, daqui ninguém me tira». Então, reclamam que a vida é escuridão, vazio, buraco negro.

Você é pessoa muito especial.

Você ama a vida e acredita que hoje é melhor do que ontem e amanhã será melhor do que hoje.

Você tem certeza de que cada pessoa tem um abraço para você, porque seu coração tem um abraço carinhoso para todos.

Você sabe que não existem desconhecidos, mas apenas amigos à espera de serem encontrados.

Na verdade, todos somos um. É por isso que a genética do abraço implica em fusão de sentimentos, de energias, de amor, de felicidade e de saúde.

Antes de tudo, abrace a si mesmo e sua aura entrará em estado energético positivo esplendoroso.

Agora abrace a todos que encontrar em seu caminho, abrace física ou mentalmente. E sua luz alcançará o brilho doirado da divindade.

Desse abraço, brotará a vida, desabrocharão as flores, sussurrarão os regatos, brilhará o sol, cantarão as ondas do mar, brincarão os ventos nas folhas das árvores.

A energia do seu abraço brincará nas asas dos pássaros e no coração dos animais.

E o seu abraço fará a festa dos anjos e chegará até Deus, no íntimo mais divino do seu ser.

E sua felicidade não terá fim.

FIM

Editoração eletrônica, fotolito e impressão:

GRÁFICA EDITORA
Pallotti
IMAGEM DE QUALIDADE

Av. Presidente Vargas, 115
Fone: (0xx55) 222.3050 - Santa Maria - RS
E-mail: graficasm@pallotti.com.br
www.pallotti.com.br